前 言

p r e f a c e

如今，企业之间的市场竞争越来越激烈，一些企业无奈倒闭，还有一些企业举步维艰。企业作为商家，博弈的关键环节和盈利环节——销售，已经越来越难做了，这一根本问题并不是靠在网上直播卖货就能解决的，况且有很多企业的产品根本就不适合在网上销售。

销售问题，是所有企业都一直关注的问题，因为它们的利润最终都要靠销售人员将产品或服务销售出去来获得。但是，国内很多企业口号震天响，宏图盖全球，就是销售不利，业绩惨淡，最终不是倒闭就是转产，原因就在于销售人员没有把握好销售的秘诀。比如说，很多销售人员都知道销售是发现需求和满足需求的过程，但一到了客户面前，却本能地做着适得其反的强买强卖……

在很多企业的日常销售中，销售人员通常会遇到以下问题：

你说得很好，但我就是不想买。

你说的对我来说用处不大，无法吸引我。

我还是再考虑一下吧！

现金流最重要，能不买还是不买吧。

……

这些问题，都是销售人员经常遇到的，他们说了很多，但是客户就是不签单。

销售就是为了成交，而成交也是最难的。想要做好销售，就要正确认识销售。

销售是一门学问，它是综合了心理学、口才学、表演技能、营销学等一系列知识的一种工作。

销售也是一门艺术，要求销售人员在销售过程中判断准确、得当对应、把握时机；同时，还要善于表演。

销售行业无分老幼，达者为师。有的销售员年纪轻轻，开了窍，掌握了销售技巧，收入不菲；有的销售员岁数一大把，干的年头长，却没掌握销售技巧，每天忙忙碌碌，周而复始，所得只能维持温饱。

在中国，有上千万的销售员，有的销售员半途而废，有的销售员在混日子，有的销售员勤奋但没成绩，有的销售员精明但没业务，真正的成功者并不是很多。这是为什么呢？因为销售门槛低，但专业技能、综合素质要求却相对较高，不是每个人都能够做好的。就像说相声一样，门槛低，但是台阶在门里面，入了门还要一步步向上爬，否则就只能在门里面待着，永远到不了顶峰。

销售难做，为什么还有很多人愿意做呢？

一是因为赚钱机会多。销售是直接跟钱打交道的行业，按业绩提成，所以，赚大钱的可能性也比较大。

二是因为见识广。行万里路，阅人无数。这个行业对人开阔眼界、塑造自信、积累人际关系、创业铺垫都有好处。

如何才能做一名成功的销售员呢？如何提高销售人员的销售技能呢？

作者从自身出发，将多年销售工作的经验和培训学员的感悟融会贯通，用生动的案例和亲和的文字向读者展示出来，给那些不知道怎么打开销售局面，不知道如何采取最佳销售方式的销售人员，指出一条明路。作者的一条条经验都可以让销售人员一目了然，拿来就用，帮助大家打开一扇扇成功的大门。

本书对销售新手极具参考价值。如果你初入销售这一行，还摸不清门道，或者虽有几年的销售经验，但总有一些问题令你无法得心应手，那么本书就是为你量身打造的！本书是销售员时时可以参阅的培训手册，也是用来指导销售实践的宝典秘籍！

最后，希望读到本书的每个销售员都能活学活用，成功签单，都能成为成交大师！

目录

第一讲　以情动人，人心都是肉长的

第二讲　角色置换，站在客户角度想问题

第三讲 看透心理，拨动客户购物神经

第四讲 提起兴趣，点燃客户消费的欲望

第五讲 给人面子，得到单子

第六讲 拿捏有度，推销地雷不要踩

第七讲 诚信为本，赢得客户的信任

第八讲 服务到位，让客户身心舒泰

第一讲

以情动人，人心都是肉长的

一位推销高手曾说过：作为推销员，你不是要打动客户的脑袋，而是要打动客户的心。因为心是离客户钱包最近的地方！心代表着客户的感情，脑袋代表着客户的理智。一名合格的推销员要打动客户的感情，让客户脑袋中产生购买的想法。

人是感情动物，利用感情因素进行交流，会使人和人之间的关系变得亲密。在推销活动中，如果推销员可以正确地利用情感这个有利因素，通过它拉近自己与客户之间的距离，往往能顺利地达到推销的目的。只有以情动人，感动客户，客户才能为你的推销买单！

1. “感动”客户比“打动”客户更有意义

在实际销售中，推销员要想获得订单，到底是用利益打动客户，还是用真诚感动客户呢？如果用利益去打动客户，这种情况不能长久，因为没有永恒的利益。偶尔一次、两次给客户一些利益，推销员还能接受，但要长久地给客户额外利益，对于推销员来说，自然得不偿失。因此，很多时候，感动客户比打动客户更有意义。

文莉大学毕业后，去了一家公司做推销员。有一次她去深圳的一家公司推销产品，她找到公司的领导张经理，但张经理还没等她把来意说完，就冷冷地说对她的产品不感兴趣，并且一再说自己很忙。面对这种情况，文莉只好说下次有时间再登门拜访，说日后公司一旦有什么优惠活动，一定第一时间通知他。在接下来的两个多月里，只要公司推出优惠活动，文莉就会主动联系张经理，慢慢地，张经理认为文莉还不错，知道关心客户。在中秋节的时候，文莉趁机送了大闸蟹礼盒给张经理。张经理对于还没谈生意就收到礼物感到很意外，马上向文莉致谢。不久之后，张经理也开始主动联系文莉了，并最终决定购买文莉所在公司的产品。

做生意的，能成为企业家、总经理级别的，很多都是思维敏锐、情感细腻的人。而且他们很多人都如案例中的张经理一样，经常会遇到有人找上门推销这样的事情。第一次他们会出于防备心理而拒绝你，然而那并不代表你就彻底失败了。你要借各种机会跟他们多联系，用真情去打动他们，联系多了，他们就会觉得你很真诚。

有这样一则故事。

有位先生和女友在一家蛋糕店订了一款情人节蛋糕，到了情人节那天却迟迟没有收到。这位先生就去蛋糕店理论。对方店员表示，节日期间订单太多，由于疏忽忘了派单，并退还了这位先生的蛋糕钱。事后，这位先生在微博上抱怨了这件事。过了一天，没想到蛋糕店打来电话，向他道歉，然后登门送上一份和原来订的一样的蛋糕，还赠送一份打折卡，承诺以后凡是在这家店购买蛋糕，一律 9 折！这位先生被感动了，在微博上表示了感谢，还积极帮着这家蛋糕店进行宣传。

这家店认识到错误，及时进行补救，并且补偿超出了顾客的心理预期，这就达到了感动顾客的效果。

让客户感动的方式和措施有很多。比如，和客户沟通时，要留意客户说的细节，客户反馈的事、期待的事或关心的事都需要记下来。假如自己能够帮忙解决或者有解决方法的，就可以直接告知客户。当客户发现你对他们之前说过的话这么上心，就会对你产生信任。

作为推销员，会接触到各类人，一定要学会理解和帮助他人，让对方在情感上接受自己，这样才有可能获得更好的销售业绩。

俗话说：人非草木，孰能无情。每个人都是有感情的，你真诚地帮助和关心，客户不可能不被感动；而推销员只要做到以情动人，就没有攻克不了的客户。

你只有赢得了客户的心，他们才会把你当作合作伙伴，当作朋友，这样你的生意才会长久，你的朋友才会越来越多，你的路才会越走越宽。攻心并不一定是逢年过节大盒小盒地去送礼，也不是大鱼大肉地接待和应酬，因为这不仅会增加企业的推销成本，而且结果也未必能得偿所愿。以情动人不是要“礼上往来”，而是要“礼尚往来”，多联系，多问候。过年过节的时候问候一下，一个电话、一条微信，只要真诚，一定能打动人！

2. 表达出你对客户的爱心

客户都是很普通的人，他们也需要得到别人的关爱。作为一个推销员，只要用实际行动表达出你对客户的爱心，那么客户自然而然地会信任你，和你亲近。如果你的爱心表现得更加明显一些，客户就有可能成为你的朋友。一旦成为你的朋友，仅仅看在朋友的关系上，他们也会爽快地购买你的产品。

刘艳丽是一名矿泉水推销员。2021 年 7 月份，天气很热，刘艳丽在一家门店看见一位老人来自提桶装水，老人还拉着一个拉杆车，上面有很多蔬菜。刘艳丽赶紧帮老人将桶装水装到拉杆车上，问清了老人的住址，帮老人送水上门。一路上刘艳丽汗流浃背，老人不停地感谢她，刘艳丽说：“阿姨，这是我们应该做的！以后您再需要桶装水，直接打我们站点电话，我们会送水上门的。”刘艳丽一直将老人送到家，并且帮着把桶装水装到饮水机上。老人拿出洗干净的苹果请刘艳丽吃，刘艳丽摆手说：“阿姨，不用客气，这都是小事情，能帮肯定帮！”老人感激地说：“谢谢你们，以后我买桶装水就认你们家的！”

刘艳丽在服务过程中时刻怀着一颗真诚的心对待每一位客户，尤其是老人，用爱心传递温暖；而客户的回馈不仅是感谢，还是对公司产品的肯定。

如果你对客户投以爱心，那么客户回馈你的也会是爱心；如果你以太功利的目的面对客户，那么，客户回馈你的将是冷淡。

客户喜欢和有爱心的推销员合作，推销员只有能够急客户所急，想客户所想，客户才会愿意与之合作。

金灿是一家保险公司的推销员，她从事保险这个行业很久了。作为一个成功的售险人，她的经验就是：在客户需要帮助的时候及时地帮助他们，用爱心和行动感染他们，推销自然而然就会完成。金灿用自己的亲身经历讲述了如何用爱心去感染客户。

有一次，一个女客户找到金灿诉苦，说自己之前买了一份保险，每次交费的时候，那个推销员就对她特别热情，但是交完费之后出现问题时，推销员就没人影了，真是让人气愤。听到这位客户的讲述，金灿除了给予其一定的安慰外，还为那个推销员做了一些解释。此外，她还尽自己的能力帮助这位客户解决了一些小问题。尽管该客户不是金灿的，但是金灿还是像对待自己的客户那样对待她。通过多次接触，这个女客户和金灿成了好朋友，她还推荐了自己的很多朋友买金灿的保险。金灿在获得友谊的同时，也轻松地完成了自己的销售。

成功的推销员必须是一个心中时刻充满爱的人。你只有爱你的客户，你的客户才会给予你丰厚的回报，你的推销之路才能走得顺畅。

在推销中，想要成功签单，不一定非得冷酷地拼价格；用一颗爱人之心去服务客户，你就会收到意想不到的效果。

3. 建立“情感认可式”商务关系

隋朝王通（字仲淹，号文中子）在《文中子·礼乐》中说：“以势交者，势倾则绝；以利交者，利穷则散。”意思是说：为了权势而结交的朋友，在你没有权势时就会绝交；为了钱财而结交的朋友，在你没有钱财时就会分离。

其实，做销售归根结底是人与人围绕着某个商品或服务取得某种平衡与和谐的过程。在这个过程中，利益导向是必然的，但如果推销员只为利益而往，很可能会陷入无休止的“价格战”，这样的客户关系会变得相当金钱化，也就很容易导致破裂。

相对而言，那些懂得“以情感为纽带”，建立“情感认可式”商务关系的推销高手们，常常是在“在商不言商”的情景下交了朋友。他们非但没有因此延误销售时机，反而会赢得良好的客户。

小李是某品牌手机的推销员。一个周六的下午，一位年轻漂亮的女士来到他的柜台前咨询一款新型手机的型号、功能及价格。听了客户的要求，小李并没有急于向她介绍商品，而是先和她进行了沟通，了解她的需求点，比如是自己用还是当礼物送人。客户听到小李的分析后，感觉小李是在帮助自己，就有了一种朋友的感觉，他们之间的心理距离也就拉近了，之后更是无话不谈。她不仅买了手机，还与小李互相加了微信，有关手机的问题，小李一般都免费帮助解决。后来这位女士还带着几位朋友来小李这里购买过手机。

其实，小李的策略就是以情动人，先解除了客户的戒备之心，使客户在心里信任自己。接下来，小李只需要根据这位客户的需求推荐适合她的商品，再简单地介绍一下这款商品，客户就很容易接受了。

柳婄是一名电器推销员，当她看见一对青年夫妇在冰箱专柜前犹豫不决时，她意识到了对方的购买意图，但是凭直觉她知道，两人肯定还有什么顾虑。于是柳婄上前问道：“欢迎光临，先生家里有几口人？平时是您太太做菜吧？几天买一次菜呢？”当那位先生回答了柳婄的问题后，柳婄接着问道：“先生家里经常有客人拜访吗？”“嗯，挺多的。”那位先生答道，并开始查看冰箱里面放啤酒的地方。柳嫱又对先生说：“先生爱喝啤酒吗？每天下班喝点凉爽的啤酒，感觉应该很舒服。”那位先生点了点头。这时，柳嫱看见太太衣服的颜色是白色，马上对她说：“白色的冰箱放在客厅里，不仅很容易和其他的摆设相互映衬，还能增加客厅的亮点呢……”听到这里，太太笑着回答：“我也是这么想的。”到这里，柳嫱的心里已经有了几分把握，又接着说道：“这款冰箱是节电型的，每天能省下一度电，这样算下来的话，每年仅电费就能省下不少呢。”太太随口接道：“可不是嘛，现在家里电器多，每个月电费要不少钱呢，省点是点！”先生听到太太这句话便说道：“那就买这款吧。”太太点了点头，柳嫱的生意就这么做成了。

柳嫱的成功，方法不在于用经验进行销售，而是在用情感进行销售。情感在推销进程中起到了很重要的作用，顾客一般不会拒绝这样的推销方式。推销员站在顾客的立场上，为顾客考虑问题，赢得了顾客的心，情感销售的目的就达到了，成交订单将不是问题。

有些推销员比较势利，一看你要买东西立即笑脸相迎，可如果不买东西则懒得搭理你。这些推销员往往是客户最讨厌的对象。所谓“买卖不成情意在”，生意丢了，可以重新再找，情意丢了，那就再无成交的可能。所以，优秀的推销员都懂得先交朋友，再做销售。待人接物应该有发展的眼光，人们常说，“三十年河东，三十年河西”，虽然对方今天不是你的客户，但谁知道明天会不会成为你的客户呢？如果一开始就因为没做成生意得罪对方，其结果将是丢掉未来无数个成交的机会。

因此，要做好销售，首先要善于交朋友。现实生活中，我们接触的每一个人都有可能在某一天成为我们的客户，所以不要放过任何一个交朋友的机会。无论是各种聚会、各种活动，还是健身俱乐部、兴趣培训班，都能接触到各种各样的人，和他们交朋友，尽可能建立起庞大的人际关系网。

朋友多了，就算直接购买商品的人不多，他们也会成为我们免费的宣传推广员。千万不要小看人际传播的力量，一传十、十传百，销售信息扩散出去了，自然就能宾客盈门。

更进一步来讲，与客户建立亲密关系，是触动对方内心的重要武器，一旦赢得客户的好感和信任，销售自然就会变得轻松、简单。

4. 找到共通处，与客户产生共鸣

在日常生活中，我们通常会发现两个毫不相干的人坐在一起却能聊得津津有味。这种现象我们称之为“共鸣”。因此，推销人员在与客户进入沟通的主题之前，最好先想个方法让对方有感性的共鸣。就像音乐的前奏曲，将对方的情绪先带入情境再进入主题，这样沟通起来就比较容易了。

一般来说，消费者心理是一种防备状态，推销员说得越多，他们的防备心就越重，信赖感就越不容易建立。这时候，推销员要从他们熟知的事情入手，从鼓励赞美开始。比如，问问孩子的学习，谈谈工作的烦恼，等等，同时要不断地赞美，从而引导客户多说，这就是“共鸣”。共鸣点越多，你跟对方的信赖感就越容易达成。

在日常的交谈中，很难一开始就产生共鸣，往往必须先引发对方与你交谈的兴趣，让彼此更加了解，才能进一步产生心理共鸣，进而赢得他人的亲近感。

杨勇拜访客户时有一个好习惯，每次拜访前他都会花一周的时间来收集整理客户资料。将客户的姓名、联系方式、地址、办事风格以及兴趣爱好等都调查清楚，然后再登门拜访。

在拜访某位大客户前，杨勇得知对方喜欢读书，尤其喜欢读《三国演义》。尽管《三国演义》的故事人尽皆知，但杨勇还没有认真读过。为了拜访时和客户有共同话题，他专门买了一本《三国演义》，用业余时间认真读了一遍；又从网上下载了袁阔成播讲的评书《三国演义》，也认真听了一遍。

拜访客户时，杨勇特意在自己的公文包里放了一本《三国演义》，从包中拿资料时，他貌似不经意地拿出了这本书，大客户看到后非常激动："你也爱看《三国演义》啊！四大名著里我最爱看'三国'了……"

紧接着，杨勇便和客户聊起了"刘关张桃园三结义""长坂坡赵云显神威""诸葛亮妙计安天下""曹操面厚心黑""周瑜心胸狭窄"，等等。两人谈得热火朝天，客户心情大好，情绪高亢，直呼自己遇到了性情中人。

当然，杨勇并没有忘记自己拜访客户的初衷，他在客户深感相见恨晚时，适时说明了自己的来意，结果客户二话没说直接同意签约，还要请他一起吃饭。

案例中的杨勇之所以能在短时间内与客户打得火热，就是因为他记住了客户的喜好，并以此为突破点，迅速赢得了客户的共鸣，最终顺利拿下了单子。

怎样巧获心理共鸣，迅速赢得他人的亲近感呢？

首先，应创造良好的交谈氛围，寻找感兴趣的共同话题。比如多用"我们"，主动谈论自己的家人和情感，恰当地询问客户的家人、爱人、孩子等等，都可以引起对方的情感共鸣。

其次，投其所好。慢慢说出自己的想法，让他人看到你们之间的一致性和差异性，并最终赞同你。有争议才有赞同，一味地附和只能让话题渐渐变得无聊，提出有分歧的看法，并讲出自己的理由，会让对方更乐意尊重和亲近你。

每一位优秀的推销员，往往都能够找到与客户的共通之处，通过"共鸣"

来拉近与客户之间的距离。在与客户沟通的过程中，先找到与客户之间的共通之处，引起客户的“共鸣”，才能让客户产生一见如故的感觉，进而使其放下戒心，最终为成功签单奠定良好的基础。

那么，有哪些共鸣点可以助力我们的销售呢？

（1）姓氏相同

遇到与自己姓氏相同的人，人们总是会产生一种莫名其妙的好感，这其实是同理心的作用。推销员如果遇到与自己姓氏相同的客户时，不妨用姓氏相同作为触发点来引起客户的共鸣。例如，我们可以说：“啊，您也姓翟啊？说不定咱们 500 年前还是一家呢！像您这样的精英人士，以后还要劳您多多提携……”

（2）爱好相同

遇到有相同爱好的人，我们总是会产生一种相见恨晚的感情，甚至直接将对方视为知己。推销员如果事先了解到客户的兴趣爱好，或者在交谈过程中探出对方的爱好，推销就变得容易得多。“想不到您还是钓鱼高手啊，我是刚入门的菜鸟，不知道能否有幸和您一起垂钓，也好向您请教……”

（3）家乡相同

家乡同属一地，或者曾在同一所学校读书，去过同样的地方旅游……凡此种种，都可以作为激发客户同理心的触发点。但要注意的是，推销员切忌像查户口一样打探顾客的信息。要知道人人都有隐私，对大多数客户而言，他们并不愿意将自己的隐私暴露在陌生的推销员面前。

以上三种唤起客户共鸣的方法，只适合在推销员已获知客户信息的情况下使用。比如从对方的口音推断出对方的出生地，这时可以问：“您老家是不是

××的？”看到对方随身携带一部单反相机，可以问：“您是摄影达人？”

销售就是如此，引起客户“共鸣”，就能实现成交。

5. 用亲和力拉近与客户的距离

亲和力是推销员内在素质的外在表现，所谓亲和力的建立，就是通过某种方法让客户喜欢你、接受你，甚至依赖你。当客户对你产生依赖感，喜欢或接受你这个人的时候，自然对你的产品也爱屋及乌。

对于推销员来说，具有良好的亲和力是与客户融洽交谈的必要因素。想要在客户心中建立起亲切感，亲近客户的身边人是一个不错的方法。客户的亲戚朋友，尤其是孩子，就是个很好的“助手”。在日常生活中，多研究儿童的心理，对你的推销大有帮助。

有一位女销售经理去见客户，办公室里除了客户本人，还有客户的小女儿。销售经理一看到小孩就说：“张总，你们家的小孩太可爱了，3岁左右吧，和我的小孩一般大啊……”买卖双方找到了孩子这个共同点，前期沟通得比较愉快，为后期成交打下了良好的基础。这就是推销员具备亲和力的好处，能够直接拉近与客户的距离。

亲和力是人际关系的基础，如同一座大楼的地基。所有的销售技巧都是以拥有亲和力为前提的。在销售过程中，如何有效地建立亲和力呢？下面介绍几种快速建立亲和力的方法：

（1）语言、文字同步

推销员要想把商品卖出去，首先要保证自己与客户之间的沟通交流是有效的。那么，何为有效呢？很简单，客户能够听懂你的意思，明白你在说什么。做不到这一点，说明你的推销方法不正确。一定要用客户熟悉的语言进行推销，否则多半会以失败告终。

具体来讲：面对缺乏产品专业知识的普通客户，说话要简单、直白；面对不会讲普通话的客户，要么使用对方熟悉的方言，要么适当放慢语速，以便对方能够听懂；面对毫无专业知识的客户，介绍产品时要多说使用效果，少说技术、工作原理……只有坚持用顾客熟悉的语言推销，才可能成交。

（2）情绪同步

情绪同步就是在情绪和注意力上与沟通对象保持同一个频率。假如客户谈起事情来很正式，不苟言笑，你也要像对方一样严肃；如果客户比较随和，并且爱开玩笑，你在情绪上也要和对方一样活泼自然。情绪同步会让客户感觉到在心理和情绪上你是很能够理解他们的，他们会有一种被尊重、被接受的感觉。

有的推销员不知道这一点，总是把自己的注意力集中到销售上，不注意客户的情绪，结果自然不会好。客户对他说："小张啊，你知道吗，我儿子当上科长啦！我心里高兴呀！"儿子当上科长了，这个客户当然很高兴，但是有的推销员竟然没有一点感觉："哦，王经理，您儿子升官了，这是好事。这个产品您还有其他的问题吗？"情绪上没有和客户同步，客户心里肯定会不高兴。客户肯定会想："你根本就不在乎我，你根本就没有听我说话。"那这笔交易估计也就要泡汤了。以后客户再和我们交流的时候，我们要和客户情绪同步，让客户随时保持一个比较好的感觉和情绪。

（3）语气、语速、语调要同步

每个人说话的语速都不一样，有的快，有的慢，这主要是由性格决定的，或者说一些细节经过大脑的思考，表达出来的感觉不一样。

但是，我们必须把这种不同变得同步，只有这样双方在沟通和交流时才会感觉很合拍。而在同客户交流中，合拍很重要：拍子合上了，才可以一步一步走下去。

如何做到合拍呢？其实很简单：如果客户的语速较慢，我们也要说得慢一点；如果客户说话像打机关枪，我们当然不能像打手枪一样，也要像打机关枪一样。只有这样，才能让客户感觉沟通起来很顺畅、很舒服，认为你们很合拍。

（4）模仿客户的肢体语言

主要肢体语言包括：坐姿、手势、头的动作和面部表情。比如：如果客户的坐姿较为随意，我们就可以在建立初步信任的基础上，坐得随意一些；如果客户喜欢用简洁有力的手势辅助表达观点，我们在表达的时候，也可以借助简洁有力的手势来辅助表达，以此来契合客户。

（5）模仿客户的口头禅

口头禅是客户内心较为在意的价值信念的集中体现。模仿客户的口头禅，无疑是在暗示客户：我接受你所表达的核心价值信念，我和你是同类人。

亲和力是推销员必备的特质，一个冷着脸的推销员，很难获得客户的好感，更不用说引起对方购买的意愿。所以，要想做好推销工作，先要学会磨平自己的棱角。在客户面前，要让客户感到如沐春风般的温暖和关怀。这样才能赢得对方的好感和认可，才有助于开展推销工作。

6. 关心对方最亲近的人

大多数推销员在推销过程中，往往只关注眼前的客户，却忽视了客户身边的人。这种做法是非常短视的，因为很多时候，恰恰是这些看似无关的人最终决定了客户的购买行为。例如，客户看保健品，多半是送父母或者亲戚，在这种情况下，如果能从客户父母或者亲戚的角度来推销，往往能收到出乎意料的结果。

张斐是某按摩器材店的推销员，这天她接待了一位推婴儿车的女顾客。简单询问后，得知对方想选一款按摩器给工作繁忙、压力大的丈夫使用。

“给您推荐的这款按摩仪，可以安装在沙发、椅子和床头上，只需将颈部、腰部或腿部放在按摩仪上，打开开关就可以按摩，看电视、玩手机、泡脚时都可以无障碍使用……”张斐很热情地介绍道。然而，她发现对方似乎对自己的产品和介绍不感兴趣。这时她想到，女顾客既然是给丈夫买按摩器材，必定很爱对方，体谅丈夫工作的辛苦，希望能为对方做些什么。想到这里，张斐立刻找到销售突破口：“您先生做什么工作？平常的工作强度是不是很大？”

两个简单的提问立即打开了女顾客的话匣子：“他是网络小说作家，每天写作十几个小时，颈椎、腰椎、后背都不舒服。有没有适合他的按摩器？”听完对方的话，张斐立刻推荐了上班族专用按摩椅，女顾客非常痛快地就付了款。

要想搞定客户，仅仅关心客户是远远不够的，还要关心客户在意的人，比如他们的孩子、父母、伴侣、朋友等。很多时候，客户购买商品并不是自己使用，而是送给别人使用，这时他们除了关心购买价格外，最在意的是收礼人或者实际使用人会不会满意。要想打破他们的这种购买顾虑，就必须关心收礼人的需求。

名表专柜前，一位推销员正在向客户介绍手表。这时，推销员一眼注意到客户手腕上戴的表。

“先生，您现在戴的这块表也很好看哦！很经典。不过看款式，应该是比较早一点儿的吧。”

“对。这是我妈妈送给我的，戴了快十年了，对它很有感情。这还是我刚上大学时的礼物呢！”

“那您今天想买一块什么样的表呢？”

“过几天是我妈妈的六十大寿，我想选一款特别的表作为生日礼物送给她。”

推销员立即对客户做出回应：“啊，您母亲六十大寿？真是可喜可贺啊！送长辈手表有希望长辈每分每秒都过得开心、感谢长辈的养育之恩等意味。如果您送手表给母亲的话，更是表达了对母亲殷切的祝福，传递着浓浓的孝心。送给女性长辈的手表一般会选用样式小巧玲珑的石英表。石英手表精密度高，最主要的是不必花时间去照顾它，耐用方便。我们店新进来一系列专门针对老年人开发的商品。您看看这款石英手表，有许多顾客买过作为祝寿大礼，都深得老人家的欢心呢！”

在这个例子中，推销员让客户说出自己的故事，从客户的叙述中迅速判断出客户的需求所在。关心对方的亲人，做出正确回应，这样推销自然容易成功。

需要注意的是，在销售时，千万不要搞错决策者。如果销售儿童食品时，只强调孩子们有多喜欢，而忽视了家长的心理活动，那么结果往往会适得其反。

7. 向客户传递你的热情

我们从事任何行业，要想取得一定成绩，首先需要的就是工作热情，在销售行业尤其如此。销售人员要成年累月地到处跑市场，非常辛苦，没有对工作的热情很难长久坚持下来。销售行业也是一个很容易遭遇失败的行业，出门销售，成功签单率不到十分之一，遇到“闭门羹”是家常便饭，失败的连连打击会让很多人望而却步，如果没有热情做支撑，很快就会放弃销售工作了。

可见，销售人员是多么需要热情和活力。热情是销售成功的首要条件，只有诚挚的热情才能融化客户的冷漠，进而成交订单。要想成为一名出色的销售人员，必须先具有这种热情。

李明想买台电脑，他来到一家电子城，走进一家品牌专卖店。时值正午，店里顾客和营业员都很少。李明看了半天，才发现柜台里坐着一个正趴在桌子上打瞌睡的营业员。

听到李明询问，营业员有气无力地问："您想要什么？"

"我想买一台电脑，您给介绍一下吧！"

"哦，这是宣传单，你自己看吧。"营业员懒洋洋地说。

李明拿着电脑宣传单看了半天，不好意思地对营业员说："我对这三种电脑的配置不是很了解，您给我讲一讲好吗？我要从中选择一台适合我的。"

"买电脑主要看个人喜不喜欢，我喜欢的您不一定喜欢。您看哪台的配置是您所需要的，就可以买。"营业员有些不耐烦。

李明听了这话很生气，觉得这家店态度太敷衍，于是换了一家店铺。

刚进门，一名营业员热情地招呼："欢迎光临！请问有什么可以帮您？"

李明说："我想买电脑。"

"请问您是自己家用还是单位用呢？我可以给您推荐一下。"

"是我在家的时候工作用的。"李明回答。

"在家工作用一般不需要太大的内存和高性能显卡。您在家如果还喜欢玩大型游戏，配置就要高一点；如果不怎么玩游戏，一般的配置足够了。还有就是，同样的配置，品牌机价格会高一些，组装的电脑价格会低一些，主要看您的需要和预算。"

李明见小伙子很热情，就说："我不怎么玩游戏，就是用电脑看看新闻，写点东西，平时用得也不多。"

小伙子就给李明推荐了组装电脑，算下来 3000 元出头。李明很满意，被小伙子的热情打动了，想到自己要开家新店，也需要电脑，就对小伙子说："我有家店也要用到电脑，如果这次买的电脑不错，下次准备再买五六台！"

热情是什么？说到底热情就是一种真诚的态度。有了这种态度，才能感染客户，继而才能打动客户。身为推销员应该知道这样的道理：客户不希望看到你阴沉着脸和敷衍了事的态度。如果在和客户接触的时候，说话冷冰冰的，表现出爱搭不理的态度，客户怎么会喜欢你呢？又如何有兴趣听你推销呢？因此，销售就需要充满热情地与客户交流，这样才会使对方感到亲切、自然，从而决定签单。

客户在购买商品的时候不仅仅关注商品的质量，还非常注重销售人员的服务态度。如果你能做到热情待客，那么你，以及你的商品也容易赢得客户的关注。

在每一次推销之前，推销员都应该问自己："如果以 0 ～ 10 分为标准，我现在去见客户，我的状态是几分？"如果仅仅是 7 ～ 8 分的话，就要想出一切办法让自己达到 10 分的状态，因为只有达到 10 分的状态，才能更好地打动客户。销售是信心的传递和情感的转移，我们的热情一定会得到客户的正反馈。

8. 面对客户，不要吝啬你的赞美

世界上最华丽的语言就是对他人的赞美。适度的赞美不但可以拉近你与客户的距离，更加能够打开客户的心扉，为合作建立良好的基础。

被别人承认，得到他人的赞赏，是人的一种心理需求。因此你需要站在客户的角度思考，千万别吝啬自己的语言。因为赞美客户不需要你增加任何成本，

就可以打动客户的心。

有一天傍晚，天气又闷又热，一家西装店里来了一对夫妇，还带着一个活泼可爱的小女孩。女士想买一套女式西服，店主叫售货员替她挑选一下。在挑选的时候，店主把话题转到了小女孩身上，问她："几岁了？嗓子这么亮，唱支歌儿给我们听，好不好？"女孩妈妈一边试穿衣服，一边叮嘱自己女儿："快告诉阿姨，5 岁了，唱支歌给阿姨听。"小女孩就蹦蹦跳跳地在店里唱了起来，店主不住地夸奖她。当她又一次蹦跳到妈妈跟前时，看到妈妈已试穿好了一套合体的西服，小女孩赞美道："妈妈真漂亮！"女士一听，欢欢喜喜地下了购买的决心。

这时小女孩的爸爸也说："帮我也选一件休闲装吧！"店主在货架上找了找，说："适合您穿的暂时没有，希望您能留个电话，如果货到了，我会及时和您联系。"他愉快地答应了。

这时又唱又跳了好一会儿的小女孩渴了，店主倒了一杯水给她，说："喝一口水吧！最解渴的还是白开水！"喝完水，小女孩和她父母带着衣服满意地回家了。

以赞美顾客的孩子为促进销售的突破口，使孩子愉悦的情绪感染父母，父母的愉悦又极大地促进了他们的购买行为。在实际推销活动中，服务提供者和顾客之间的关系与互动是销售的重点，而顾客之间的关系与互动也同样会影响一个人的购买行为，这一点也是不可忽视的。

所以，当面对客户时，请不要吝啬你的赞美。

一些初入行的推销员往往开不了口，尤其说不出赞美客户的话。其实，赞美别人一点也不丢人，也不等于贬低自己，反而会让你赢得对方的青睐。

赞美是一种艺术，赞美不仅有"过"和"不及"的问题，还有赞美对象正

确与否的问题，另外，不同的客户需要不同的赞美方式。在赞美客户的时候，通常要注意以下几个原则：

（1）赞美要贴切

赞美女性客户一般从衣着开始，倘若称赞之后又能说出具体理由，那么就更容易打开客户的心扉；对于老年人，推销员可多赞美他们引以为豪的过去；对于年轻人，不妨赞美他们的创造才能和开拓精神，祝他们前程似锦；对于经商的人，可以赞美他们头脑灵活、生财有道……

在赞美客户时，要依据事实，因人而异，突出个性，切不可虚夸。贴切而真实的赞美远比不切实际的浮夸更能被客户接受。

（2）赞美要具体

推销员在赞美客户时，要有意识地说出一些具体而明确的事情，而不是空泛、含糊地赞美。例如赞美某人的房间："这间房间装修得很雅致呀！"赞美越具体，越能让对方感到真挚、亲切和可信，双方的距离也会因此越来越近。

（3）赞美与客户有关的人物

比如赞美客户的孩子聪明漂亮。

对于推销员来说，需要掌握一些赞美的常用词语。

赞美男性客户常用词语有：

举止文雅、仪表堂堂、眉清目秀、见多识广、谈吐不凡、知书达理、年轻有为、眼光独到、待人和气、为人直爽、很有洞察力、想法独特、很有男人味、很有气质、很有安全感……

赞美女性客户常用词语有：

保养得非常好、心细如发、通情达理、气质优雅、眉清目秀、善解人意、气质高贵、身材苗条、体态轻盈……

9. 莫忽视小礼物的作用

销售人员谈客户，免不了人情世故，要学会送点小礼物。但如何送礼才能利益最大化？那就是花小钱办大事，尽量让客户感到惊喜。例如，一名电冰箱推销员买了几千只小型温度计，在初次拜访客户时送给他们，让他们把温度计放入正在使用的冰箱里。下次拜访时，他便请冰箱的主人看一下冷藏温度是否符合标准。如果温度达不到要求，他就很自然地引出是否需要购买新冰箱的话题。如果主人觉得没有必要更换，他就马上离开去拜访另一家。

当然，推销员也可以经常发送一些特制的广告品，如签字笔、毛衣链、手机挂件、冰箱贴、创意小家具、古典发簪、刺绣披肩围巾、中国风泥人绢人、鼻烟壶、古典书签等。这种方法之所以能够对推销多少有点助力，是因为它抓住了人们心中或多或少的“占便宜”心理，从而调节客户的思想情绪，并为之创造出一个主动进行合作的气氛。

有位女推销员，每天趁中午休息时间进入各公司拜访，同时她会选一些小礼物，有时是一包口香糖，有时是一小袋酸梅。遇到吃完饭的人，给他们送上一小包口香糖或者一小袋酸梅，很容易赢得大家的好感。东西虽然很小，却为她赢得了好人缘。对于推销员来说，好人缘就等于财脉。这种小礼物的确是人际关系中最好的媒介，将你与准客户之间的阻碍逐渐地清除殆尽。

吴胜和同事一起去拜访客户，客户说话一直很小心，因为他要对其中一些细节问题再想想，再看看行情。

吴胜进入客户办公室后没怎么说话，他看了看客户桌子上的照片（全家照），背景是人民大剧院，照片上孩子手里拿着一张某舞剧团的演出海报，全家人笑得很开心。拜访结束后，吴胜马上到人民大剧院去询问最近有什么好的舞剧上演。真让他遇上了，再过三天就有一家外国剧团要来表演，于是他订了三张票送到了客户手中。

再次拜访客户时，是演出结束后，客户显得很开心，桌上的照片换了，背景变成了那家外国剧团的海报，全家人还是笑得那么开心。之后的事情很顺利，客户对比后发现有一家公司与吴胜的公司差不多，但是，他还是选择了吴胜的公司。

小小的一份礼物能产生莫大的效果，也是推销手段中的一种。但需要注意的是，你在赠送礼物的时候态度要爽朗，只有这样才能使接受的人感到愉快。另外还要舍得花点心思，挑选能打动对方心弦的礼物。此外，礼物不需要过于昂贵，以免给对方造成心理负担，使其敬而远之。与其整盒装的高级礼品给对方造成心理压力，倒不如小礼物来得实惠。

一般而言，给客户送礼物时要遵循的原则大致有以下几项：

（1）不能忘记节日送礼

中国人重视的节日，比如端午节、中秋节和春节，礼物是不能缺的。当然，这时送礼品是个心意，关键在有特色，而不在价格高低。

（2）礼品的自然简约很重要

送礼时，如果是面呈，尽量做到自然、简单。最忌送礼物之后还反复提及所送的礼物；或者送礼时鬼鬼祟祟的，弄得客户收也不是，不收也不是。

（3）送礼看准对象最重要

想把礼送好，一定要分析客户的需求，考虑对方的职务、爱好等。例如，有个客户平时注意养生，不抽烟，你送人家一个高级的烟嘴就毫无意义了。

你只要抓住了客户的心理，就不难送出客户喜欢的礼物。一般而言，小礼物可以分为以下几类，方便你满足有不同心理需求的客户。

（1）实用型礼物

比如各种笔、本子；各类运动休闲用品，如各类球拍等；还有领带、钱包、香水、打火机；等等。这类物品经济实惠，送给一般关系的客户很有效。

（2）摆设型礼物

如台历、招财猫、水晶摆设、中国风摆件等。此类物品多用于初始接触阶段，可以给客户留下友好的感觉。

（3）代币型礼物

这类礼物比较特殊，主要包括各类代购卡、代金券等。此类礼物好处不用多说，送着方便，拿着实惠。这种类型的礼物主要适用于一些利益关系很大的客户。

具体送什么，送哪类礼物，给哪类客户，应该具体情况具体分析，不要过于机械化。总之，想要维护与客户的良好关系，一定要抓住对方的心理，从其内心爱好出发才能打动对方。

第二讲

角色置换，站在客户角度想问题

如果你想钓到鱼，最重要的东西就是鱼饵。不同种类的鱼对于鱼饵的喜好也不同，由此，必须站在鱼儿的立场去思考它们喜欢吃什么。同理，作为一名推销员，你要想“钓”到你的客户，就要站在客户的角度思考问题，弄清楚客户的心里到底在思考些什么，这样你才能更好地提升你的业绩。

客户就是“上帝”，我们一定要把自己定位在客户助理的角色上，时刻替客户着想，为客户出谋划策，帮助客户解决问题。如此一来，不但能获得推销的成功，也能和客户成为生意场外的朋友。

10. 你为客户着想，客户才会为你着想

有人说，全世界最长的距离就是钱从客户的口袋到推销员的口袋这段距离。有些推销员时常过于注重获得客户口袋里的钱，在销售的过程中，心里关心的只是客户买不买、买多少，客户的态度好不好，客户的要求多不多。推销员关心的这些重点中没有一个是客户所关心的，所以虽然拜访了千百位客户，却还是找不到与客户进一步沟通的突破口；因为突破不了客户这一关，自然就突破不了业绩障碍这一关了。

如果你不曾花心思考虑过客户的需求，又如何去满足客户的需求呢？举例来说，客户如果肚子饿，你应该让他们吃饭而不是让他们喝水，因为喝水并不能满足他们的需要。确认他们的需要是填饱肚子之后，再去细分他们喜欢面食还是米饭，喜欢什么口味，是咸辣还是清淡。要一一满足客户的需要，才能令客户满意。

王鑫是某品牌电风扇的导购员，他接待的客户大多经济并不宽裕。有一天，他接待了一位爱挑剔的客户，还没等王鑫介绍完产品，客户就不耐烦地反驳道："我婆婆家去年买的就是这种电扇，才用了一年，声音就变得和抽油烟机一个样，质量真的好差！"

为了让客户满意，王鑫又先后介绍了几款不同的产品，但客户依旧挑剔。一会儿嫌式样太丑，一会儿又嫌费电……碰到这种事多的顾客，很多推销员会在心里默默吐槽："一百多的电扇你还指望用几年啊？真够穷酸的！"但王鑫

并没有这样想，因为他自己也曾穷困潦倒过。当时住地下室，吃方便面，夏天没钱买电扇，为了避免中暑，只好不断冲凉水澡，所以他很能理解这样的客户。

“前两天我看气象专家的预测，今年夏天不会太热，不买电扇也是可以的。您要是怕热的话，买个功率稍小的就行了，不但省电，而且噪音小，主要是价钱也便宜……”

王鑫的一番话处处从客户的角度出发，立刻赢得了对方的认同和赞赏，最后该客户说出了心里话：“谁都知道贵的肯定比便宜的好，这不是手头不宽裕嘛！家里有小孩，天气热会长痱子，空调买不起，电扇怎么也得买一台……”

尽管这位客户很挑剔，但王鑫还是拿下了这一单，给客户推荐的定时遥控风扇，客户也很满意。

站在客户的立场，为客户着想，首先就要假设自己是客户。假设你自己就是客户，你想购买怎样的产品和服务？你真正需要的是什么？你会如何要求售后服务？这样就能让自己站在客户的立场去看待问题。

在实际的销售过程中，客户与销售息息相关的信息有很多，这就需要推销员根据客户的实际情况来加以选择和运用。推销员如果只是为了销售而销售，过多地谈论、吹嘘自己的产品，客户就很难对其产生信任。但推销员如果站在客户的立场上，设身处地为客户着想的话，就会赢得对方的兴趣。因为对所有人来说，兴趣产生的基础莫过于与自己有关的事情。所以推销员应该从谈论客户与销售息息相关的信息入手，站在客户的角度考虑问题，使客户对你要销售的商品产生兴趣。

作为一名推销员，能经常地换位思考是非常重要的。设身处地地为客户着想就意味着你能站在客户的角度去思考问题，理解客户的观点，知道客户最需要的和最不想要的是什么，只有这样，才能为客户提供优质的服务。一个优秀的推销员深知，多站在客户的立场上考虑问题是成功销售的秘诀。

11. 你喜欢客户，客户才喜欢你

在人际交往中，有一个相互吸引定律：你喜欢对方，对方就会喜欢你。对推销员来说，你喜欢客户，客户就会喜欢你。

张强进入销售行业已经有四年了，虽然在许多人眼里他还是一个新兵蛋子，但是凭借热情的个性、积极的努力，他还是取得了不俗的业绩。

能够有今天的成就，在很大程度上要归功于他做人的成功。最初，张强也遭遇过客户的冷漠，不由自主地与客户发生冷战。但是，客户并不吃这一套，最后损失最大的还是自己。于是，张强果断改变策略，开始由衷地喜欢客户，重视客户。加上用热情感化客户，用真心对待客户，因此他吸引了更多的合作伙伴，事业步步高升。

张强的成功经验在于，发自内心地喜欢客户、接近客户，这样对方也会受到感染，于是双方的距离自然就拉近了；接下来，才会有合作的可能。拉近彼此的距离，让心靠得更近，这是发展客户关系的重要一步。

许多人乐于跟张三合作，却不愿意接近李四，这里面必然有原因。更多时候，客户看中的并不是多么优惠的条件，因为整个行业没什么秘密可言，客户真正在意的是你这个人，沟通舒服，才让人乐于交往。消费者的心理是，钱给谁都是给，但要给得舒服。所以推销员要多多思考，如何在销售行为上让客户感到舒服。

客户与你打交道的时候，总能从你营造的快乐环境和氛围里感受到惬意，并且你的信义、豪爽和憨厚，都让客户非常受用，那么你们合作的可能性也就增大了。

在具体的推销中，如何才能做到让客户喜欢你呢？

首先，穿着要整齐、干净利落。总体来说就是简洁干净、大方得体，这会反映一个人的修养、气质，也容易赢得客户的好感和信赖。

其次，是说话的语调声音。一定要让人听了感到舒服、诚恳才行。说话技巧也很重要，打招呼的方式。说的话语都很重要。如果说话语义模糊不清，生意也会变得难成交了。

最后，就是态度。态度一定要真诚——客户骂我千百遍，我待客户如初恋——即使客户不买你的东西，也要对客户有礼貌，有可能下次客户就会回来买你的产品或服务了。

好好注意自己的形象只是开始，还要注意语气、语调要适合，态度要亲切热情，这样才能赢得客户的喜欢，才能最终获得推销的成功。

12. 先想如何满足客户的要求

没有谁喜欢被别人强制推销，要想进行有效的销售，就要做到客户要什么你就给什么。在普通的销售方法中，大多数推销员都是滔滔不绝地介绍自己的产品，说自己的东西是最好的，但客户却不以为然。毕竟，你认为最好的，客户不认为对自己是最合适的。只有客户认为最好的，才是最重要的。如果不注重客户的需求，只是一味地想销售产品，最终很可能什么也得不到。

“李先生，我司正好有优惠活动，如果您现在买了这种理财产品，会送您免费旅游。”

“这些优惠我不需要，我需要的是适合我的产品；价格再低，东西不合适我也不买。”

“您放心，我们有专业咨询团队，如果您不放心，可以去咨询或培训，我们专业的咨询团队可以针对您的情况为您提供您需要的服务。”

“哈哈，为了购买理财产品我还要专门接受咨询和培训？太奇怪了。”

“我可以保证，我司的理财产品在质量上不存在任何问题，而且还能送您免费旅游，机不可失啊！”

“不需要，我不买！”

李先生最终坚决地拒绝了这位推销员。

正如李先生所言，他要买的是“合适的产品”，而不是所谓的优惠条件。推销员在销售活动中，要关注客户的需求，清楚客户到底需要什么。如果不知道客户的需求，再多的言辞与努力也于事无补，还会招致客户的厌恶。道理很简单，没有人会对自己不感兴趣的事情投入过多的精力，而如果是自己感兴趣的事情则会很有热情地参与进来。这种心理也可以为推销员在销售中说服客户时所利用，那就是主动迎合客户的兴趣，拉近与客户之间的距离，从而实现进一步的交流，为实现最终的销售铺平道路。

帮助客户解决问题，首先要了解客户的问题。只有知道客户需求之后，才能告诉他们你推销的商品确实能满足其需要，或使客户相信他们确实存在对你的商品的需要。

在南方一个小县城里，有个销售电暖器的推销员，努力了一天，始终卖不出一台。因此，眼前这位和善的老婆婆成了他唯一的希望。他费力地将电暖器的功能与优点都说完，满怀期望地问老婆婆是否决定购买，老婆婆摇摇头。

他不甘心地又说了一次：“我们的电暖器是最新的产品，您看外形多新潮！不占空间，而且还有 5 种最炫的颜色，怎么样，决定购买了吗？”老婆婆还是摇头。

沮丧的推销员不死心，接着说："我们的电暖器，品质好，价格又比其他品牌便宜上百元，还送永久免费服务，怎么样，买一台吧？"可惜老婆婆还是摇头。

他终于决定放弃，临走前，他没忘了问老婆婆："我们的电暖器这么好，您可不可以告诉我，为什么不买它？"

老婆婆笑着说："你的电暖器听起来真的很好，不过，你始终没有告诉我，它是如何帮助一个老太太在寒冷的冬天保持温暖的。"

实践中，许多推销员推销产品时就像案例中的推销员，总是滔滔不绝地讲："我们的产品……我们的服务……我们的信誉……我们……"强调的主体总是我们，而忽视了客户的想法。如此，怎么可能知道客户的真实需求？

有问题才有销售，销售的目的就是帮助客户解决问题。客户不了解产品的特点和功能，但对能够解决自己的问题的功能却十分感兴趣。销售的重点在于关注客户渴望解决的问题，而不是你的产品。只有真正为客户着想，很好地帮助客户解决问题，客户才会接受你、信任你、欢迎你。

有位顾客来到小张所在的电脑专卖店，想买一台电脑。不等顾客说完，小张就开始推销一款正在促销的机型。他滔滔不绝地将培训时所了解到的产品信息讲给客户："这台笔记本电脑，英特尔酷睿 i3 处理器、512GB 存储、8G 内存、15.6 英寸高清显示器、约 1.6 千克，很轻便，才卖 3500 元……"最后才发现这位顾客对电脑是一个门外汉。小张将近十分钟的产品介绍除了两年上门服务，两年全国联保外，没有在顾客脑海中留下任何印象，因为那一连串的专业术语让顾客感到一头雾水。

没有提问，也没有倾听，小张根本不了解顾客的真正需求，只是背书般地向顾客介绍产品，效果必然是很差的。

推销员推销的时候，不应该把售出产品看作推销的唯一目标，急于向顾客推销自己的产品。假如改变一下思路，从帮助客户解决问题的角度切入，结果就会大不相同。从上面的小故事里，我们可以引申出这样一个道理：如果你只是把自己当成推销员去推销自己的产品，那么你一定失败；如果你能根据产品特点为别人提供方案，解决一些实实在在的问题，那么你就是一位非常成功的推销员。这就是我们所说的：真正成功的推销员不是销售产品，而是为别人提供方案、解决问题。

13. 多使用“互惠定律”

过年的时候，如果亲戚给你家孩子封了个红包，那么你回礼封的红包数字是多少呢？如果不出意外，你封的红包起码也要与之持平，或者在这个数字之上。好好想一想，在我们的日常生活中，类似封红包的情形是不是都要这么处理？这就是心理学上所谓的“互惠定律”，也就是日常生活中经常遇到的人情交换。

“互惠定律”认为，我们应该尽量以相同的方式回报他人为我们所做的一切。概括起来，就是一种行为应该用一种类似的行为来回报。

不错，我们每个人都会有这样的心理：对于别人的付出我们总会给予对方平等或者稍高一点的回报，如果不这样做，心里就会产生一种负债的感觉。用通俗的话来说，就是只要你收了“人情”，就要懂得“还人情”。如果你一直“欠人情”，则会一直感到有一种无形的“道德压力”。

刘茜是某广告公司的推销员，某大型连锁超市有几家分店开业，需要投放大量的广告。为此，刘茜前去拜访该超市的企划部经理。

当她被带到经理的办公室时，一位中年妇女进门告诉经理：“对不起，我到处都找不到您要找的那套书。”看到刘茜进来，经理微笑着向她解释说：“我的儿子最近迷恋一部日本的动画片，一直央求我给他买一套同名的漫画书。”

刘茜向经理表明了来意，向他提供了多套广告方案，所给出的优惠条件也十分诱人，然而，经理似乎没有任何兴趣。好不容易争取到的一次拜访机会就这样以失败告终了。

如何争取第二次拜访机会呢？刘茜想起了经理给儿子买漫画书的事，猛然想到，自己不是正好有一个朋友在日本留学吗？她马上打电话给经理，告诉他自己正好有个朋友在日本留学，也许可以帮他找到那套书。经理很开心，和她在电话里聊了好一会儿，最后告诉刘茜：“如果能买到那套书，我那小子肯定会很高兴的。”

在朋友的帮助下，刘茜收到了从日本邮寄来的漫画书，虽说是日文版的，但是经理很高兴，也因为这套书是原版的，有收藏价值，他的孩子更加高兴！没过多久，刘茜便拿到了第一笔价值 10 万元的广告单。

这个事例告诉我们，销售也不外乎人情。如果你让客户欠你人情，那么他也不好意思拒绝你的产品。

有一家美容院，以前总是在路口向路人发传单，还死缠烂打地索要联系方式，让人感到非常不适，客户来的也不多。后来经过一位策划老师的指导，这家美容院换了一种方式：推销人员在路口发传单或者索要联系方式时，手上都会拿一个小礼盒，遇到路人会递给他们，再表示自己来自美容院，如果感兴趣可以留下联系方式。面对小礼物，路人接受后，一般都会很配合地留下联系方式，有的还主动咨询美容项目。结果，这家美容院生意开始红火起来。

“互惠定律”就是帮助推销员与客户之间建立信任关系的秘密武器，尤其是在最初与客户洽谈的时候，是大有可为的。

其具体的操作方法是：

推销员要尽量帮助客户多做一些事情，比如给客户分享一些想法，送给客户一些他们需要的资料，并能主动帮助客户解决某个问题，等等。基于“互惠定律”的原理，客户自然而然会对你做出回报。即使你没有要求，客户也会这么做，同时推销员越是不要求回报，客户的回报感反而会越强。

14. 想一想别人喜欢以何种方式来购买

在推销时，如果强调我们的“卖”，客户只能被动地“买”；如果我们把面谈的重点放在“买”字上，那么，客户在这场交易中就处于主动的地位。由于他们主动，那么，“买”就是他们自己的意思，他们从中得到的满足就是无限的。

有一位厨具推销员，向一家承包经营的饭店经理推销了价值 6 万元的整套厨房设备。交款提货后，推销员对饭店经理说：“刘经理，恭喜您，您不但有先见之明，在这个旅游胜地承包了这间饭店，而且在全市您最先彻底更新了厨房的设备。我相信这闪闪发光的厨房，定能使您宾客如云，生意兴隆。到时可别忘了我呀！”

刘经理开心地哈哈大笑：“我下星期一正式开张，届时请您多带些朋友来捧场！”

一次成功的推销，不但能赢得生意，而且能赢得客户的感激。这些成功的推销员大都掌握了一个要诀：不是我们硬要向客户“卖”我们的产品或服务，而是客户真想“买”。

只要看看我们周围的人们在购物后的言论，就会领会这一点：

“我昨天买了一部手机。”

“我今天买了一辆电动独轮车。”

“我打算买一台扫地机器人。”

他们不会说：

“昨天专卖店卖给我一部手机。”

“今天淘宝网卖给我一辆电动独轮车。”

“苏宁电器准备卖给我一台扫地机器人。”

其实，就是 3 岁的孩子，都希望由自己去决定一件事情。这就是推销的真谛和诀窍，谁掌握了它，谁的推销工作就会成功。要想知道如何去销售，只需设身处地想一想自己和别人喜欢用何种方式来购买就行了。为了达到这个目的，我们在与客户谈话时就要处处留神，不能代客户做决定。我们只能在引导上狠下功夫，做到引而不发，决不能流露出丝毫的强迫之意，最后的决心应由客户来下。

李恒君的儿子今年 8 岁了，他对孩子的教育非常重视，准备给孩子建一个小书房，需要一套适合小孩子的书桌和书柜。

他去了一家家具店。推销员对他很热情，迫不及待地介绍道：“您真有眼光，这套家具是今年的爆款，实木儿童写字桌，材料质地上乘，放在家里一定可以大大提升居所的品位。”

李恒君对此并不感兴趣，他更关注的是家具是否适合小孩子用。他说："麻烦您介绍一下这套家具的构造可以吗？比如，高度、边角之类的情况。"

推销员继续热情地说："当然可以。您看，这套家具的设计十分独特，采用欧洲复古风……"

李恒君打断了他，说："我对风格什么的不感兴趣，我想知道……"

推销员立刻接过他的话："我知道您想问什么！这套家具是天然实木的，保证无甲醛，用的是天然清漆，而且木料厚实，我保证它的使用寿命绝对能跨几代人。"

李恒君笑了笑，说："你说的这些我信，也能感觉到。不过你误会我的意思了，我更关心孩子……"

李恒君是想说，他更关心家具是否适合小孩用。但是没等他说完，推销员就打断了他的话："我完全理解您的担忧，这套家具做了抛光处理，棱角磨圆……"

李恒君说："对不起，我再看看吧。"

看李恒君要走，那位推销员追着说："公司现在正搞促销，如果您现在买，我们可以送您一台漂亮的台灯和一套小装饰品。"

李恒君头也不回地说："谢了，我不需要。"

为什么这位推销员说了那么多话，如品位、质量、价格等，却没能吸引李恒君，反而打消了他的购买热情呢？因为推销员并没有弄清楚李恒君的真正需求，也就是他想要解决的问题，只是一味地替代李恒君做决定，有点强迫他消费，所以造成了销售的失败。

大多数的商家或者推销员，在开发客户时，都会强行剥夺客户的主动权，总认为这样才能迫使客户按照自己的意愿做出购买的行为。殊不知，这种剥夺客户主动权的做法，不仅不会让客户感到心甘情愿，还会让客户反感，从而拒绝与你继续交往。相反，如果能够在开发客户的过程中，最大限度地将主动权交还给客户，这时客户就会产生被重视的感觉，从而会在短时间内做出购买的决定。因此，千万不要让客户产生被操纵的感觉，否则的话，客户开发的工作将难以开展。因为只有让客户掌握了主动权，充分意识到自己是被尊重的，他们才更愿意配合你的工作。要知道，没有谁愿意被他人操纵，客户也是如此。

15. 不能逼客户，谁都讨厌强人所难

与客户沟通的目的在于做成生意，而不是赢客户。不要对客户提出的任何问题和想法都抱着“说赢客户，才能说服客户”的心理，凡是有经验的推销员都知道，要想赢得胜利，小处不妨忍让。

李老板是一家传真机公司的代理商。有一个客户和他谈了好久，李老板一开始就窥探出客户是有购买意向的，自己在为客户展示和解说产品的时候也是仔仔细细，生怕漏掉哪一点。可是一番口舌下来，客户还是有点不满意。

客户：“李老板，真是谢谢您了，我觉得这台传真机我还是需要再考虑一下，它有点不适合我。”

李老板：“经过比较，您应该也看出来了，A 品牌的传真机无论是传真品质、速度，还是其他功能都比 B 品牌好。”

客户：“您说得不错，只可惜它的外形设计得比较奇怪，颜色也不是我喜欢的，我喜欢象牙白的颜色。”

李老板：“这您就说得不对了，外形怎么会奇怪呢？现在的传真机大多都是这个样子的，而且黑色的最大方了，有品位的人都喜欢黑色。您买回去，我保证您会喜欢的。”

客户："有品位的人喜欢黑色，但是我自己还是不喜欢。尤其是这个样子，我觉得很奇怪。"

李老板："怎么会呢？要真的是您说的那样，就不会有那么多的人喜欢它了。而且我们这里卖得最好的就是这款黑色，您居然不喜欢！"

这个例子中，李老板明显犯了一个错误：他对客户提出的问题、看法，一概都不予尊重，只是强迫客户去接受自己的想法。懂得推销技巧的高手都应该知道，在这些小地方上应该顺着客户的意思，略做让步，不要将客户提出的任何问题和想法都咄咄逼人、尖锐地反驳回去。

其实，当客户说"我需要更多的时间来考虑一下"的时候，客户需要的是一些使自己放心的信息，因为客户并不能确定此刻购买这个产品是不是一个好主意。如果不断地催促客户下决定，只会使客户心生不满，最后导致交易失败。

当客户犹豫不决时，作为推销员，该如何去做呢？先来看下面的例子：

常飞是某品牌手机专卖店的推销员。在与客户接触的过程中，常飞深刻认识到，很多客户在购买手机时都会不断地在同类产品中进行反复比较，却又很难决定到底应该购买哪一家的产品。一次，一位客户走入常飞工作的手机专卖店。当客户走到常飞面前时，便询问道："这里有 ×× 手机吗？"

常飞微笑着回答说："当然有了，我们专门销售 ×× 手机，所有的机型都有。"

"那这款手机的待机时间有多长？"客户继续提问题。

或许大多数推销员在面对这一问题时，都会回答三天左右。一旦做出这样的回答，大多数客户都会选择到其他店里了解一下情况。经过对几家的对比了解后，客户得到的答案大都是一样的。因此，客户依然不确定购买哪家的产品。常飞对这一点有很深刻的认识，当客户问他这个问题时，他是这样回答的：“一部手机的待机时长确实是重要的参考指标。但是，买手机除了要考虑待机时长，还必须了解正常使用时的续航时长。我们这款手机的锂电池容量是 4300 mAh，理论待机时间是 72 个小时，而且充电很快，还可以无线充电，不会耽误你用手机。您可以多去几家店里对比一下，决定之后再回来购买也行。”

听完常飞的一番话后，原本就准备多参考几家店的这位客户，便离开了。不久之后，这位客户又一次回到常飞的手机店，并买了一部手机。

事实上，这位客户之所以返回来，最终选择从常飞店里购买手机，是因为他在进行了对比之后，发现几乎所有推销员的回答都大同小异，当他问及手机的待机时长时，那些推销员仅仅以一句简单的“72 个小时”来回答。只有常飞对此问题的答案是不同的。因此，这位客户最终选择了常飞。

上述故事中的推销员常飞，正是因为在客户开发时，巧妙地先介绍了销售产品的标准，才得到客户的最终认可。其实，在向客户介绍产品的过程中，与其一味地进行产品的讲解，倒不如先为客户设置先入为主的标准。很多时候，当推销员先在客户的脑海中建立一套固有的标准之后，再主动提出让客户货比三家，就会给客户创造出轻松的环境，从而令其更愿意接受你的推销。

有一个商场准备了各式各样的音响，眼花缭乱的式样，真叫人难以选定。一位青年，是一个标准的音响迷。在一排排音响中，他挑中一架与愿望相符的机型，却又被另一款更棒的新机型迷住了，难下决心。他左思右想，在几家音响店里走来走去，某家店员说：“我看您犹豫了大半天，这开销不是一笔小数目，您再到别家去看看。”他再度多处浏览，最后还是回到这家商店，毅然买下。

听了这则小故事，你一定相当佩服那个店员吧。该店员若说：“您在本店买绝不吃亏，买下来吧！”顾客一般不会买。要知道，犹豫不决的人在被迫下决心时，他们的心理负担反而更重，更犹豫畏缩。使顾客减轻压力，让他们轻松选择，会更有利于己方。

一些顾客，你劝他们买，他们掉头便走；你若主动介绍各种商品的性能，他们就会感激你的指导；你大胆地建议他们到其他店里观看比较，他们会更加信任你。虽然顾客也去了别家商店，但最终很可能又回到你这里买他们所需要的商品，因为你为他们减轻了压力，让他们对你产生了好感。

所以，在买卖中，推销员千万不能把客户逼急了，千万不能当着客户的面，一直死缠烂打地劝其购买你的产品，而应恰当地疏导客户，使客户自己觉得产品确实对自己很有用处。

16. 巧妙地化解客户的顾虑

客户在购买商品或者享受服务的时候，都希望获得安全感，没有人愿意购买那些具有安全隐患或者质量低劣的商品。在警惕心理的作用下，不管对什么样的推销员，什么样的商品，客户都会不自觉地保持一种怀疑心理，害怕自己买到假冒伪劣商品，害怕自己上当受骗。

对于客户这样的心理，推销员应该表示理解，并帮助客户化解心头的疑惑。而最好的方法就是给客户提供最有效的证明，用最有说服力的证据来证明自己的商品的安全性。只有推销员出示的证据足够有效，那么客户才会很放心，从而毫不犹豫地掏钱购买。

郜金磊最近代理了某品牌的手表，并在商场柜台进行销售。每次有客户光临的时候，他都会绘声绘色地描述手表的质量如何优秀，性能如何良好。但是由于手表的价格略高，尽管郜金磊的口才很好，把手表的功能说得近乎完美，还是没能让客户打消疑虑，客户最多也只是看看，真正购买的没有几个。

一个月过去了，郜金磊仅仅卖出 3 块手表，连柜台的租金都不够。这让他很着急，于是他就开始想办法。郜金磊分析，客户之所以不敢购买他的手表，最主要的原因就是自己缺少说明商品质量好的有力证明，使客户不敢相信他的话。只要能够说明自己的手表质量确实是好的，让客户亲眼看到，那么客户就会消除疑虑进行购买了。

第二天，郜金磊买了一个鱼缸摆在自己的柜台上，并把一块手表放进了鱼缸里，这个举动很快就吸引了不少客户过来围观。这时郜金磊又开始介绍手表的防水功能，并把手表从水里捞出来让客户传看。同时为了证明手表防震防摔，他居然使劲儿把手表摔在地上，手表却没有任何损伤。最后郜金磊又拿出手表的质量证书以及专家的推荐信，客户一下子就被征服了，他们这才真的相信了手表的质量并争相购买。

从此，郜金磊的生意便红火起来了。

只有强而有力的证明，才能有效地说服客户，使客户产生很大的好奇心和信赖感，并促使他们立刻行动，进行购买。因此推销员要给客户提供最有效的证明，不仅可以证明自己商品的质量，使自己充满信心，还可以消除客户的疑虑，获得客户的信赖，并最终征服客户。

展国辉是从事煤气炉推销工作的，一次，他向一位顾客推销煤气炉，经过宣传、解释，顾客有了购买的意向。但在最后时刻，顾客变了卦，说：“煤气炉 360 元一个，太贵了。”

展国辉不慌不忙地说："360 元也许是贵了一点儿。我想您的意思是说，这炉子点火不方便，火力不够大，煤气浪费多，恐怕用不长，是不是？"

顾客接着说："点火还算方便，但我看煤气会消耗很多。"

展国辉进一步解释说："其实谁用煤气炉都希望省气，省气就是省钱嘛。我能理解，您的担心完全有道理。但是，这种煤气炉在设计上已充分考虑到顾客的要求。您看，这个开关能随意调节煤气流量，可大可小，变化自如；这个喷嘴构造特殊，使火苗大小均匀；特别是喷嘴周围还装了一个燃料节省器，以防热量外泄和被风吹灭。因此，我看这种炉子比起您现在所用的旧式煤气炉来，要节约不少煤气。您想想是不是这么回事？"

顾客觉得展国辉说得有道理，低头不语。展国辉看出顾客心动了，马上接着问："您看还有没有其他的顾虑？"

顾客的疑虑完全打消了，再也说不出拒绝购买的理由，随即说道："看来这种煤气炉真的很好，那我就要一个吧！"

在案例中，顾客在有了购买意向后，突然又说煤气炉太贵了，很显然顾客出现了疑虑。推销员展国辉了解了顾客的想法后，说："360 元也许是贵了一点儿。"通过这句话，展国辉先承认了顾客的立场，然后把抽象的立场转换成有关商品性能的具体问题，因为这些都是可以检验的，同时，商品价格的高低，只有与商品的性能联系在一起时，才有客观的标准。

果然，顾客又说："点火还算方便，但我看煤气会消耗很多。"很显然，顾客的拒绝已从"价钱太贵"缩小到"煤气消耗太多"上来了。展国辉抓住"煤气消耗太多"这个结论，开始发挥自己左脑的演绎能力，为顾客详细解释了产品是如何节约煤气的，完全打消了顾客的顾虑，最终顾客决定购买。

在销售过程当中，客户心存顾虑是一个常见问题，如不能正确解决，将会给销售工作带来很大的阻力。所以推销员一定要努力打破这种被动的局面，善于接受并巧妙地化解客户的顾虑，使客户放心地购买自己想要的商品。顾虑是心与心之间的一条鸿沟，填平它，推销员才能到达成功交易的彼岸。

17. 与对手比较来说服客户

推销员每天都必须面对各种各样的竞争对手，这便要求推销员必须对竞争对手有所了解。尤其是在客户开发的过程中，更需要人们先了解竞争对手，这样才能全面掌握市场信息，从而从众多竞争对手之中脱颖而出。因此，想要更有效地推销，一个行之有效的方法便是不断收集竞争对手的资料，对竞争对手有所了解，这样往往可以收到意想不到的效果。

罗娟娟是一家服装店的导购员，在刚刚加入销售行业时，罗娟娟认为，任何人都可以成为一名服装导购员。不过，随着她在服装销售行业工作时间的增加，这种想法发生了很大的改变。罗娟娟认为，服装导购员想要客户信任自己的产品，除了要对自己的产品有所了解外，还必须对竞争对手以及对方的产品进行了解。这样在客户拿竞争对手的产品来与自己的产品进行对比时，才能从不同的角度去介绍自己的产品，进而说服客户，最终促成交易。

有了这样的经验之后，罗娟娟在了解每一款服装的同时，都会对销售同款服装的竞争对手进行了解，并找出自己所销售服装的优点。一旦有客户拿竞争对手的服装来做比较，她都能以各种各样的有力证据说服客户。一次，罗娟娟的服装店里来了一位中年女子，这位中年女子进店后便看上了一套职业装。然而，当这位中年女子听完了价格后，便嫌这套职业装的价格太高，她甚至还称其他店里这样的职业装价格低将近一半。

听了中年女子的话后，罗娟娟微笑地回答说："我们这套服装的价格确实有点高，我也这么认为。不过，我们店里的服装都是正品，用的都是上好的面料制作而成的。您说的同款在其他店里价格比较低，您若仔细观察的话，就不难发现它们的材料是不一样的。如果您花少一半的钱买一套穿一两次就严重变形的服装，不仅影响美观，更影响心情。我们的这套职业装是物有所值的，它由著名的设计师设计，采用高档的麦尔登面料制作而成，不仅材质丰满、平整，富有弹性，而且还不会起球，非常适合您这样的职业人士穿。"

罗娟娟介绍完，结果是可想而知的。大多数客户听了这样的介绍后，都会果断地从腰包中掏钱。

记住，客户无论买手机、笔记本电脑、汽车或其他任何产品，在做出购买决定之前，都会先做比较。在大多数情况下，客户并不是决定买还是不买，而是在众多的商品之中，决定买哪一种。因此，你必须清楚地知道竞争对手的情况，打消客户的疑虑，坚定他们的购买信念。

一天，小王和小吴去拜访一位客户。二人事先做了充分的准备，对产品的介绍非常详尽、到位，但客户的反应却很淡漠。最后，客户才告知他们，其竞争对手已经于前不久向他们介绍过相关的知识，而且所说的内容都差不多。

正因为对竞争对手的活动不够了解，这次销售拜访以失败告终。

客户常常会对竞争对手的产品提出问题或做出评价，你的任务之一就是保证客户能够得到真实而详细的信息。例如，有人觉得你的产品价格太高，却没有意识到这个价格中包含着许多附加价值。而你对竞争对手产品的价格、质量及附加服务的了解，将有助于向客户证明你的产品是物有所值的。

竞争对手并不单纯指那些销售同样产品或服务的企业，而是包括所有能满足客户同样需求的企业。例如，一家生产碳酸饮料的公司，其竞争对手不仅包

括生产同类碳酸饮料的公司，还包括生产凉茶、果汁、乳酸菌等饮料的公司。因为在炎热的夏季，它们的产品都是消费者解渴、消暑的可能选择。

李先生是一家韩国自动洗车机企业的销售总监。一次，一位来自东北的省级大客户准备做李先生公司产品的东北独家经销商。那位客户是有备而来的，一落座就咄咄逼人地向李先生抛出了几个问题："你们的产品为什么一台售价13万元，而市场上国产的同类产品才售价8万元？既然你们的产品这么节水，那比人工操作的机器好在哪里？这么贵的产品，而且是新的工作原理，怎么才能把它销售出去？"

对于这几个问题，李先生并没有慌，他早已做好了周密的准备："产品售价高，第一，它非常节水，是市面上最节水的洗车机，洗一辆汽车只需要一杯水。国家刚刚出台了关于限制洗车用水的法规，节水是趋势。用这种洗车机，一年起码节省4万多元呢！第二，它的主要零部件全部从德国、日本进口，设备的使用寿命长达7年，比同类设备长两倍左右。第三，激光底盘冲洗，左右摇摆，大流量、高压力，彻底清洗车辆底盘泥污。全球首创的双吹风系统，全方位设计，吹风无死角，是一般吹风效率的两倍以上，有效缩短洗车时间。并且整机采用最先进的热镀锌加工，刷毛可以洗40万辆车……"

在李先生的回答中，不仅包含了与竞争对手的比较，还有对国家政策的响应。说得客户不住点头，解除了所有的疑虑，正式签约，一次就进了60台自动洗车机。

常言道："商场就是没有硝烟的战场。"在一场场没有硝烟的战争中，推销员必须对自己的"敌人"有所了解，了解对方的产品开发情况、市场占有情况、产品技术信息以及经销售策略等。只有这样，才能保证自己在市场竞争中不被对手击败。

18. 不要滔滔不绝，学会洗耳恭听

常常看到一些推销员在与客户沟通的时候只说他自己觉得很重要的事、自己觉得客户所需要的事，说得太多，倾听得太少，完全不在乎客户的感受与认同感如何，就像发射连珠炮一般滔滔不绝，甚至企图改变客户的需要来完成交易。用这样的方式当然无法完成交易。这种“乱枪打鸟”的销售方式，成交与否完全靠运气。

如果你是那个自身需求不被重视的客户，你会不会购买呢？除非推销员所谈论的刚好是你所需要的，否则你是不会掏钱购买的，不是吗？所以，如果你是客户，你会不会跟你自己买东西呢？你是否已经足够满足你自己呢？如果你的方法、态度，都没有办法令自己购买，你怎么可能让客户购买呢？所以在你销售任何商品给客户之前，先试着销售这样的商品给你自己，自己去说服自己购买，一人同时扮演两个角色，一个是推销员，一个是客户，如果你能够成功地销售商品给你自己，你就已经成功了 80%。所以，花一点时间分析一下自己：除了商品需求之外，你还有哪些需求需要被满足？其实在了解自己的过程中，就等于在了解客户了。

小辉是某商贸公司的推销员，主要负责办公设备推销。在一次展销会上，他与另一位同事共同负责向客户介绍产品。由于刚刚入职一个月，因此产品的介绍和推广工作主要由有经验的同事来负责，他则负责简单的接待工作。

中午时分，一位中年男子来到展台前，细细地端详着一台设备，而这时同事刚好离开。没办法，小辉只好硬着头皮给客户讲解起来：“先生，您好，您对这款机器感兴趣吗？”

对方彬彬有礼地回答：“嗯，是的。”

“那好，我来向您介绍一下。这款机器是佳能（中国）有限公司新推

出的一款高效入门级多功能办公设备，可用于打印、复印、传真。该款机型具有快捷前部操作，静音模式，高速高品质的打印、扫描、复印、传真等功能，同时又兼顾性价比，可以很好地满足商务用户的使用需求。目前的价格是……”

小辉滔滔不绝地介绍着产品，客户时而看看产品，时而看看周围，仿佛是一个局外人。不一会，客户就打断了小辉的介绍：“不好意思，小伙子，您说的这些我基本上都听不懂，我先到别处看看，谢谢。”就这样，客户离开了。

精明的推销员总能在适当的时间紧闭自己的嘴巴，将说话的机会留给客户。甚至还有一些更精明的推销员，他们总是努力寻找可以引导客户说话的话题，借机让客户多说话，以了解客户的真实想法。记得有人说过：“上帝给了我们两只耳朵，却只给了一张嘴，就是让我们少说多听。”

小丁是某商场的一名推销员。这天，一位打扮干练的女士前来购物，一进门就问道：“有裙子吗？”小丁一看有生意上门，立即热情地走到店门口迎接：“您好，我们店有不少新款裙装，欢迎进来选购！”

该女士经过反复挑选后，拿出一条黑白格短裙问：“这件多少钱？”

“美女，您眼光真好。这款裙子相当受欢迎，而且用料……”

3 分钟过去了，小丁还兀自陶醉在讲解这款裙子的款式设计、做工用料中。谁知这位女士是个急性子，碰巧又赶时间，所以没等小丁讲解完就发火了：“我说你这个人怎么回事？我问你多少钱，你啰唆什么，半天也不报个价……”

不用说，小丁和这个顾客之间的交谈很不愉快。还没等小丁解释，该女士就叫来另一个推销员问：“这件短裙多少钱？”“698 元，需要给您包起来吗？”“好，就这件吧！”说着该女士利索地去收银台刷卡了。

对此，小丁很受伤，自己好心给顾客介绍裙子，结果还被嫌弃了。

推销员应该明白，并不是每个客户都喜欢事无巨细的产品介绍，什么时候说长话，什么时候说短话是很有讲究的。当客户很悠闲时，偶尔开个小玩笑，说点和销售无关的事也无伤大雅；但当客户赶时间时，尽量不要说废话。

连续不断地讲话不一定是成功推销的必要因素。最重要的是，洗耳恭听可以使你确定客户究竟需要什么。如何避免多说话呢？

（1）避免过度推销

有些推销员在推销过程中过于急切，一旦逮到客户就绝不松口。这种做法其实非常愚蠢，即便最后拿下订单，也会给客户留下非常糟糕的印象。要想让客户买得舒心，一定要避免过度推销，所谓欲速则不达，越是心急往往越容易激起客户的逆反心理，反倒不利于成交。

（2）让客户多说话

不论客户是在表达自己的购买诉求，还是在喋喋不休地挑毛病，都不要轻易打断他们，让客户多说话，在必要的时候做一个合格的倾听者，这是表达你内心尊重的一种方式。即便客户出言不逊或者言辞激烈，也不要反驳客户，否则不仅会引起客户的不快，还可能使销售变成一场激烈的辩论赛。

（3）多提问少插嘴

作为推销员，一定要让客户找到当“上帝”的感觉。这要求我们在与客户交谈时，要多提问少插嘴，让客户成为主角。当他们表达自己的观点与诉求时，推销员最好神情专注，尽量少插嘴，当然还要在恰当的时候积极地回应他们，以保证销售轻松愉快地进行下去。

学校没有教给你足够多的关于聆听的知识，但是社会会教给你。只要按照上面讲的去做，每一个推销员都会因为拥有这项技巧而成功签单。

第三讲

看透心理，拨动客户购物神经

曾经有一项调查表明，那些超级推销员的业绩通常是一般推销员的 300 倍。在众多的企业里，80% 的业绩是由 20% 的推销员创造的，而这 20% 的人也并非都是俊男靓女，也并不一定都能言善辩，唯一相同的就是他们都拥有迈向成功的方法。尽管他们那些方法不可能完全相同，却有其共同之处，那就是洞悉客户的心理。

由此可见，在销售过程中，你不要觉得研究客户的心理是在浪费时间，其实研究他们购买的流程、动机和原因，比那些费尽口舌却不讨好的推销方法要有效得多。作为一名推销员，你只有掌握了客户的心理，才能在推销中获得成功。

19. 洞悉客户，看透需求的心理根源

古时候，某地有位妇女，屡次到县衙告状，也说不清原因，如果不听她说，她就破口大骂。县太爷经常训斥她，把她当成疯子，还没等她说完就把她赶走。后来来了一位新县太爷，当疯女人又前来告状时，他并未像前任县太爷那样置之不理，而是委婉地向她问话。女人说了很多，虽然词不达意，但是县太爷也知道了原委。原来，她婚后没有孩子，丈夫的小妾有一个孩子，丈夫死后小妾把她赶走，并霸占了她的财产，她屡次上告都没有告赢，因愤恨而发疯。后来，新县太爷为她做主，惩罚了小妾，并把财产还给了她，她的病也好了。

在推销中，很多客户在表达需求时具有这个妇女的特征：词不达意。客户由于专业水平有限，难以准确地表达或者梳理需求，该表达的没有表达，不该表达的表达一大堆。对此，很多推销员不会梳理，所以不能洞悉客户的真实需求。

我国台湾地区台塑集团创办人，被誉为“台湾经营之神”的王永庆 15 岁小学毕业后，到一家小米店做学徒。第二年，他用父亲借来的 200 元钱做本金开了一家米店。为了和当时的日本米店竞争，王永庆颇费了一番心思。

当时大米加工技术比较落后，出售的大米里混杂着米糠、沙粒、小石头等，顾客虽有怨言，却也无可奈何。王永庆发现这个情况后，每次卖米前都把米中的杂物拣干净，这一额外的服务深受顾客欢迎。另外，王永庆卖米多是送

米上门，他在一个本子上详细记录了顾客家有多少人、一个月吃多少米、何时发薪等：算算顾客的米该吃完了，就送米上门；等到顾客发薪的日子，再上门收取米款。

他给顾客送米时，并非送到即止，他会帮人家将米倒进米缸里。如果米缸里还有米，他就将旧米倒出来，将米缸刷干净，然后再将新米倒进去，将旧米放在上层，这样旧米就不至于因陈放过久而变质。他这个小小的举动令不少顾客深受感动，忠诚度大大提高。

从这家米店起步，王永庆最终成为台湾的“经营之神”。后来，他谈到开米店的经历时不无感慨地说：“虽然当时谈不上什么管理知识，但是为了服务顾客做好生意，就认为有必要掌握顾客的需要。没想到，由此追求实际需要的一点小小构想，竟能作为起步的基础，逐渐扩充演变成为事业管理的逻辑。”

同样是卖米，为什么王永庆能将生意做到这种境界呢？关键在于他用了心，充分地换位思考。他不仅用心去研究顾客的需要，还用心去研究顾客这种需求背后的心理，并挖掘出顾客更深层次的需求。他只比别人多做了一步，却成就了一番大事业。

不同的客户有不同的需求。将这些需求分门别类，我们大致可以找出以下几种普遍的人性需求：

一是希望自己能够活得平安、健康。

二是希望能赚大钱、获得利益。

三是希望自己变得很重要、很有名。

四是希望扶养、保护自己所爱的人，也就是所谓的家庭之爱。

五是希望自己能获得异性的青睐，也就是变得有吸引力。

六是希望能成为有影响力的大人物。

七是希望能规避风险或减少损失。

当你面对客户时，先问问自己：“我的产品究竟会不会满足客户的某一种需求？”如果答案是否定或是不确定的，记得不要一见面就急着介绍产品，而是通过询问和聆听的方式了解对方的需求。

赵丽是一位男装推销员。众所周知，做男装销售并没有女装销售那么容易。身为一名男装推销员，最重要的是区分出男装与女装在销售方面存在哪些差异，而且要对男女客户的不同需求有所了解。对此，赵丽有着自己独特的认识。她做男装销售将近 5 年了，在这期间，赵丽总结出男性客户在购买服装方面往往有着很强的目的性，对品牌的忠诚度极高，尤其重视服装的材质与品位。正是因为对男性客户有着这样的认识，赵丽在男装销售行业取得了很大的成就。

一次，赵丽正在服装店里忙活，一位看上去非常稳重、成熟的男子走了进来。通过穿着赵丽便看出该男子一定是一位成功人士。于是，赵丽连忙走上前去，热情地招呼这位男子。根据以往的经验，赵丽深知，大多数成功男性对时尚的要求非常低，他们最看重的是服装的材质与品位，而眼前这位男子的穿着就充分彰显出这两点。因此，当这位男子让赵丽帮他拿一套毛料西装时，赵丽便不失时机地说道：“先生，您可真有眼光，这款西装选用的是世界一流的澳洲羊毛，羊毛含量 80%，出自澳大利亚著名设计师之手。”

听了赵丽的介绍，男子微微一笑，说道：“是吗？”

赵丽继续说道：“是的，像您这样有品位的成功人士，试穿一下就知道了。您可以用手去感受一下，这款西装纹路清晰，柔软而富有弹性，紧握呢料后松开基本无皱折，不会有毛刺扎手的感觉。像您这样的成功人士，经常需要出入高级的商务场合，这款面料的设计非常防皱且很容易打理。您再看看，这款西装的腰部设计是十分完美的，您穿上之后身材看上去更加平直。”

听了赵丽的一番话后，这位男子便毫不犹豫地花费 9800 元买下了那套西装。

上述故事中的推销员之所以能够凭借几句话就促成交易，最重要的原因就在于她成功地抓住了男客户的心思。除了之前对男性客户的了解与经验的积累之外，在这次销售中，赵丽向客户介绍完那套西装的材料之后，通过男子的微笑发现其对自己介绍的东西产生了兴趣，于是，她接着引导客户去感受西装上身的效果与手感，从而彻底说服了客户。要知道，几乎每一位男性客户都十分注重服装的材质、品位以及实用性，身为推销员的你只有让男性客户深感买得值，他们才会掏腰包。因此，在推销的过程中，想要成功签单，就必须抓住客户的心思，从而引起对方的好感。

对于推销员来说，从客户的需求出发，而不是从自己的商品出发，是非常重要的。要想成为一名销售高手，就要永远把自己放在客户的位置上，探寻客户所有表现背后的心理，无论是成交还是拒绝。你要明白，如果你是客户，你希望怎样被对待？你认为钱值不值得花？你遇到问题如何解决？只有设身处地地为客户考虑，才能得到最准确的答案。

20. 看透客户，找到有决策权的人

推销员在面对客户的时候，除了要搞清楚对方有没有购买能力，还要搞清楚对方有没有决策权力。比如在一个企业中，钱都在出纳那里，但是决策权却在领导那里，你会找出纳推销产品吗？在一个公司里，毋庸置疑，具有决策权的肯定是老板，你要是把老板搞定了，那就大功告成了。再比如一家人：购买

电器、汽车等大物件的时候，具有决策权的多半是男人；但是如果购买家用物品，恐怕女主人就有决策权了。所以，看准不同的人所掌握的不同的决策权很重要。

有一家三口来电脑城选购电脑，推销员热情地对他们说："你们需要什么配置呢？"

父亲问儿子："你需要什么样的电脑？"

推销员发现这孩子老是盯着高价电脑看，而他父母却只盯着低价电脑看，显然他们没有达成一致。这位推销员很聪明，他估计孩子喜欢玩游戏，追求高配置的电脑，而他的父母大概希望他买一台价格较低的低配置电脑。孩子对高配置电脑很渴望，又怕父母不给买，正在左右为难。

于是推销员对孩子的父母说："这边的电脑价格低，但是性能相对也低，玩大型游戏配置有点低了，后续升级的话反而会造成浪费。"一席话说得孩子暗暗高兴。

他又转身对孩子说："这边的高性能电脑虽然配置高，但一般不需要这么高的性能，而且价格太高，现在买太浪费了。"

然后他指着中间一台价位适中的电脑对这一家人说："这台怎么样？ 23 英寸显示器、512G 容量、8G 内存、4G 独显、i5 处理器，这配置玩主流游戏绝对没问题，才 4699 元，性价比非常高，适合你们现在的需要。"

推销员的一席话说得合情合理，孩子和父母的需求都照顾到了。最终，他顺利做成了这笔交易。

"射人先射马，擒贼先擒王。"在推销中如果不知道抓重点，势必毫无头绪，最终导致事倍功半。相反，如果能够一眼看出谁拥有决策权，就能够展开"针对性"的推销，从而顺利拿下订单。

在实际销售中，很多推销员不善于察言观色，尤其是遇到伴侣型客户或者家庭型客户时，往往迷失在不同客户的言论中，只顾回答问题，无暇找出有决策权的客户，最终失去掌控全局的能力。

小江是某品牌家具的推销员。这天，一对准备结婚的小情侣以及双方的父母，一行六人浩浩荡荡来到家具店。小江一看，对方是为采购新婚家具而来，顿时喜形于色，因为这种客户往往一买就是一整套家具，小到茶几、电脑桌、饭桌，大到沙发、衣柜、大床等，如果能拿下这个客户，绝对是一个大单。

年轻姑娘拉着未婚夫四处看样品，男方父母坐在椅子上翻看产品图册，而女方父母则不停地问小江："现在哪种家具比较好？""新婚装修买家具，你有什么推荐？"小江热情地回答着女方父母的问题，年轻姑娘也不时插话。很快，年轻姑娘和自己的父母达成一致，他们同时看中了一套实木组合家具。小江的内心暗自狂喜，以为成交在望。然而，他错估了形势，当男方父母问过报价后，脸色变得不太好看，当即说道："价格太高了，整套下来要 18 万元了，和预算差太多。"

直至此时，小江依旧没意识到男方父母才是具有决策权的人，还在一个劲儿地讲解这套家具的优点，附和着年轻姑娘及其父母进行推销。不用说，这单生意以失败告终。

在销售过程中，像小江这样抓不住重点的人很多。当客户人数众多时，他们往往被表象迷惑，找不出真正有决策权的人。对于这种家庭型客户，推销员只要关注有决策权的人即可，其他人的想法或意见仅供参考，因为他们无法当家做主。即使其他人对商品十分满意，但只要决策人不同意，生意就会泡汤。反之，只要决策人满意，其他人即便不太满意，成交也不成问题。

做销售都提倡找决策人、找关键，但并不一定所有的关键人都是老板。特

别是一些大企业，部门经理就有一定的决定权。而且大公司老总的业务都非常繁忙，一般很难见面。小公司也不尽然，现在中国的家族式企业多，老板的爱人及亲戚朋友都有可能左右成交的结果。

有一名专门推销办公用品的销售人员，一次他去一家公司推销办公桌椅，进了经理室，发现这家公司的总经理、后勤主管等领导都在，旁边还有一位正在扫地的老头。

他做了自我介绍后，开始娴熟地介绍办公桌椅的样式、质量、价格等等，很快就使总经理有了购买意向，并表示如果产品质量过硬，可以签 5 万元的购货合同。眼看就要签单了，这个销售员打心眼里高兴，他一边答应过几天送货质检，一边忙从包里掏出一包“软中华”，给在场的领导一一点上后，说了些客套话后便告辞了。

让人意想不到的是，当销售人员来送货时，该公司后勤主管却通知他，公司不打算要了。他急忙问是什么原因。对方说：“总经理的岳父嫌你的报价高了。”他追问：“总经理的岳父怎么知道我的报价？”“总经理岳父就是那个扫地老头！”后勤主管叹了口气，说，“谁让你小看他的，少发了一支烟。他说你这人不实在……我们总经理也不能得罪老岳父啊！”

看到了吧，教训啊！“阎王好见，小鬼难缠”，因为一支烟，少了一大单，这就是没有照顾全面的结果。不过，反过来说，假如推销进展不顺利，可以考虑从关键人周边对其有影响的人入手，间接达到目的。同时，要密切关注关键人身边的这些次要关键人，有条件的话争取他们的支持，即便不支持，也要把他们变成中立者，不然后患无穷。

21. 看清楚客户的购买信号

现在是一个感性消费的时代，一切以客户为中心。客户大都被推销员伤害过，所以他们怕推销员。而且，客户面临的选择非常多，他们无所适从。所以，客户不会轻易做出购买的决定，即使想购买，他们也会犹豫不决。因此，解读客户的购买信号对于成交来说就显得尤其重要，把握得好就能够成交，把握得不好就会失之交臂。

刘威是一家汽车 4S 店的推销员。一次他遇到了一个很精明的客户，这个客户显然事先已经做了充足准备，他很明确地提出了汽车性能方面的需求。刘威向他推荐道："这款新车搭载了玻璃车顶，动力有 1.5T 燃油版以及 1.5T 插电式混动版。现在订车可享受终身质保、终身保养、终身流量、购置税减免、轮胎升级、静音玻璃升级等优惠政策……"客户比较满意，但还想讨价还价。在整个沟通过程中，该客户不停地提问，而且每个问题都问到了点子上，一会儿挑剔油耗问题，一会儿又说牌子不是很有名。可是当刘威推荐另一款车型时，该客户又表示他还是比较喜欢第一款，并且一再向刘威探听该款汽车的底价。刘威明白客户实际上是希望价格再低一些。由于之前给客户的报价有不少议价空间，刘威适度降低了 1000 元，并明确向客户表示，这款汽车是 2020 年 9 月新上市的，外观、性能都要比同等价位的其他汽车占优势。最后刘威成功地将汽车销售了出去。

客户往往不会直接表明自己的真实意图，但是会在不停地提问中暴露出来。案例中的刘威之所以能销售成功，就在于他从客户的提问中把握住了客户的真实需求，强调了汽车的优势，适度降低了价格，最终说服了客户。

一个推销员如果能够判断客户什么时候有购买欲望，成功的机会就会大增。

尽管有些客户面无表情，但要相信，只要有购买的欲望，他们总会表现出一些购买信号。

购买信号的表现形式是复杂多样的，一般可分为语言信号、身体信号和行为信号三种。购买信号一旦出现，就要及时抓住机会，促成交易。

（1）语言信号

客户购买信号的表现是很微妙的，有时他们可以通过某些言语将这些信号传递给推销员。例如：

“听起来倒挺有趣的……”

“我愿……”

“你们的售货条件是什么？”

“它可不可以被用来……”

“多少钱？”

总之，客户如果将购买信号隐藏在他们的言语中，这时推销员就要具有很强的辨别能力，从客户的言语中找到其真实的感受，促成与客户之间的交易。

（2）身体信号

客户的身体语言是无声的语言，能够表现出客户的心情与感受，它的表现形式更微妙，更具有迷惑性。请注意观察客户是否：

突然变得轻松起来；

问旁边的人“你看怎么样”；

突然放开交叉抱在胸前的手（双手交叉抱在胸前一般表示有防御心理）；

身体前倾或后仰，变得松弛起来；

松开了原本紧握的拳头；

伸手触摸产品或拿起产品说明书。

当以上任何情形出现时，你就可以征求成交了，因为你观察到了正确的购买信号。

（3）行为信号

有时客户突然对你表现出友好和客气的姿态：

“要不要喝杯咖啡？”

“要喝点什么饮料吗？”

“留下来吃午饭好吗？”

“你真是个不错的售货员。”

“你对你的产品真的很熟悉。”

密切注意客户所说的和所做的一切，也许获得订单的最大绊脚石就是推销员本人太过健谈，从而忽视了客户的购买信号。任何时候你认为你听到或看到了一种购买信号，你就可以征求成交了。

许多人的购买信号、购买欲望都写在脸上，他们那种想买又犹豫不决的心理在脸上表露无遗，你只要一观察就可以看出来。但也有些人，他们的购买信号很隐蔽，藏在某一个举手投足之中，不易发现，所以就更要仔细地观察了。

当你解读清楚客户的购买信号之后，最重要的事就是马上征求成交。客户这时的心态是游移不定的，假如你不能抓住这个时机，客户可能就会马上反悔。所以，懂得抓住成交的时机对于推销员来说也是很重要的。

22. 适当给客户一点善意的“威胁”

人们在购买产品时，总会抱有一种侥幸的心理，觉得推销员的产品价格肯定还能再低一些，于是便不放弃讲价的尝试。而推销员在向客户销售商品的时候，往往处于被动地位，无论怎么强调产品的好处，费尽力气地劝说，甚至是乞求，客户依然无动于衷。即使有购买的意思，客户也免不了会提出各种异议进行讨价还价，或者是反反复复，下不了决心。面对这样的状况，实在是让推销员头疼。

此时，如果推销员做出一些带有“威胁”性的举措，让客户感觉到有可能失去这项产品的拥有权，销售活动就可能因此而有所改观。

小王是一家保健器材公司的销售员，他今天要去见客户李总。小王自我介绍完，就开始向李总介绍自己销售的保健器材。李总说：“我暂时没有这方面的需要，如果以后需要，我一定找你。对了，你的电话告诉我一下。”

小王知道李总下逐客令了。小王说了自己的电话，接着说：“听说令堂要过七十大寿了，以伯母的身体，活过百岁没问题！”

李总叹了口气道：“唉，我母亲平时保养得挺好，但毕竟岁数大了，不敢多运动了。”

小王说：“老年人要常运动，一来能增强抵抗力，二来可以保持好心情。”

李总说：“以前她常锻炼的，今年不行了，她老觉得累，我也怕出事，就不让她多运动了。”

小王说：“我们公司新推出的下肢功率车正好能帮您母亲解决这个问题。”

接下来，小王把下肢功率车的好处说了一遍。当看到李总已经流露出购买意愿后，他说：“您考虑一下，如果选这个当您母亲七十大寿的礼物，多有意义啊！这款下肢功率车分为立式和卧式两种款式，可以有效增强下肢关节、肌肉的协调功能。价格还不到 800 元，送给她老人家绝对能体现您的孝心。这种器材销量特好，现在只剩 5 台了，您要是现在不买，恐怕马上就没了。要是错过了令堂大寿，就太遗憾了！”

“好！我买一台！我要给她一个惊喜。”李总迫不及待地打断了小王的话。

当推销员告诉客户，如果他们现在不买产品可能会失去某些利益时，客户必然会产生或多或少的购买欲望，这显然比直接告诉他们产品有多么好更有吸引力。但是要注意，威胁策略最好是和正面说服相结合，否则，容易引起客户的不安，造成谈判的不愉快。毕竟，这个世界上没有人愿意被威胁，客户更是如此。这里所说的“威胁”，其实是推销员对客户的一种善意提醒，因此在与客户进行沟通的过程中，推销员必须保证自己的暗示是客观的、实际的，不可以用谎言来欺骗客户的感情。推销员要在尊重和关心客户的基础上，有技巧地进行说服，使客户坚定购买产品或服务的决心。

比如有位女顾客看上了店里的一双鞋，可是她还想再考虑一下要不要买。这时你可以告诉她，这款鞋的这个尺码只剩最后一双了，而且她穿着真的很漂亮。你不妨再询问一下这位顾客：“你自己觉得怎样，穿上舒服吗？”一般顾客都会说：“还行吧！”这时你就可以说：“这是我们店里卖得最好的一款鞋子，由于过季，所以卖完就不会再有了，好机会难得啊！”

像这类的说辞还有很多，比如，你可以对顾客说“这种产品只剩最后一件了，短期内不再进货，你不买就没有了”，或者“今天是优惠价的截止日，请把握良机，明天你就享受不到这种折扣价了”。给顾客造成一种匮乏心理，让她有恰逢其时的荣幸感，这样就很容易促成交易了。

23. 借助客户爱占便宜的心理

很多人都不喜欢便宜货，但是很多人都喜欢占小便宜。无论客户购买何种东西，售货员报出价格后，客户的第一反应往往是：“能不能便宜点？”哪怕是买五毛钱一斤的白菜，客户的第一反应也是：“老板，这白菜能不能便宜点，四毛钱一斤？”

所有人都喜欢占小便宜。在一次大型玩具展销会上，一家玩具公司的展位非常偏僻，参观者寥寥无几。公司负责人急中生智，第二天他在展会入口处扔下了一些别致的名片，名片的背面写着“持此名片可以在本公司展位上领取玩具一个”。结果，该展位被包围得水泄不通，并且这种情况一直持续到展销会结束。当然，迅速高涨的人气也为这家公司带来了不少生意。

这家公司之所以取得了商业上的成功，就在于它抓住了人们爱占小便宜的心理，用赠予客户小的恩惠为公司带来了大的利益。客户都是爱占便宜的，对于推销员来说，如果你能够满足客户占小便宜的心理，那么成交自然水到渠成。

郜玉卿进入美容行业已有些年头，自己的美容店也开得红红火火，一年之内连续开了 4 家分店。生意之所以这么火，就要从郜玉卿的生意经谈起了。

郜玉卿起初做美容行业也是“循规蹈矩”，产品该多少钱就是多少钱，服务是什么价格就是什么价格。可是很多客户来她这里之后觉得体验很不好，虽然价钱是比有些地方便宜，但是不知道为什么，总感觉这钱花得不舒服，因此店里的生意并不好。有一天，她问其中一个客户：“陈姐，你说我做生意公平买卖，童叟无欺，和客户关系也不错，为什么她们大多数人来一次就不来了呢？是不是别家比我做得好啊？”陈女士看郜玉卿态度诚恳，初入市场不了解消费者的心理，就说：“你呀，就是做生意太死板，别的美容院在客户走的时候不是送一些新产品的试用装，就是给一张优惠卡。你这里虽然价钱便宜，但是没有小馈赠，她们心里难免不舒服。”郜玉卿这才知道，原来是自己没有抓住客户爱占小便宜的心理。之后，她就贴了一个告示：“本店新到一批护理品，为答谢各位客户照顾生意，凡是在本店购买护肤品的可以免费做护理，而且附赠半年免费美甲卡一张。”这个消息一传出，果然以前的很多客户都来了，而且还带了自己的姐妹们来享受这超值“优惠”。

郜玉卿从此终于聪明起来，她不断地想出各种优惠政策，比如办一张年卡，不但所有护肤品可享受8折优惠，而且可以提前享受店里新到的试用装，等等。来找她的客户因此越来越多。

消费者这种爱占小便宜的心理主要来源于其经济条件的有限性和需求的无限性的矛盾，期望用最优惠的价格享受到最好的服务，或少花钱得到更多的服务，这是消费者的普遍心理。

所以，做生意千万不要做一毛不拔的铁公鸡，要经常让些小利给客户。让好处给别人，看上去像吃了点亏，但从长远看并非如此。

有这样两口子，在学校旁开了间早餐店。刚开始生意不好，夫妻俩就经常多找钱给人家。没多久这件事在学校传开了，来吃早餐的人越来越多，夫妻俩都忙不过来，却很少找错钱了！为什么？原因不言自明。

在推销员的群体中流传着这样一句话：客户不是要得到便宜，而是要觉得占了便宜。销售中一旦客户有了占便宜的感觉，那么很容易就会接受你销售的商品。很多商家就是客户迎合这种渴望占便宜的心理，成功地使自己的商品成为市场上的“抢手货”。

比如一些客户在购买物品时，常常要求卖家降价才愿意购买。很多卖家遇到这种情况后，会告诉客户“就快下班了，我不赚钱，卖给您就是了”“我这是成本价给您的，您可不要和朋友说是这个价买的”“这是今天第一单生意，算是我图个吉利吧”，在价格上做些小的让步，然后成交。这些客户自以为独享低廉的价格，满意而归，其实那些卖家早就在庆祝自己的又一笔生意了。

对于推销员来说，给客户适当的优惠要给得巧妙，否则就难以收到预期的效果。所谓巧妙，其实质就在于要抓住客户的需求心理，给予他们想要的东西。

如旅店免费为客户提供生活用品，饭店为客户无偿提供茶水，等等，都是给予客户需要的服务。再如有的商店送货上门、免费维修等，也是满足客户需求的做法。

24. 运用激将策略，让客户更快做决定

在客户开发的各种策略中，存在着一种非常重要的策略，那便是激将销售策略。怎样才能让潜在的客户购买自己的产品，让其做原本不愿意做的事情呢？答案就是：推销员要善于运用激将的策略，让客户更快地做出购买的决定。

我们常说“请将不如激将”，激将成交法，就是推销员运用适当的语言技巧刺激客户，但又不太伤害客户的自尊心，使客户在逆反心理作用下完成交易活动的方法。

一位年轻的女子带着一位老妇人走入一家药店，她们应该是婆媳关系。当年轻的女子从药店购买了一些治疗日常感冒、发烧的药品，正准备结账时，一位营业员走到年轻女子与老妇人的面前，拿着一盒老年人专用的保健品向年轻女子介绍道：“女士，您看一下，这是专门针对老年人补钙的保健品，您是不是需要为老人家买一盒呢？”

听了营业员的介绍后，年轻女子问道：“这盒需要多少钱？”

“这盒保健品是国产的，300 片优惠装，补钙效果很好，价格不贵，219 块钱一盒。”营业员说。

听完营业员报的价格后，老妇人立即打断说：“这么贵，我们不需要。”

与此同时，营业员明显地从年轻女子的表情中发现，她也嫌这盒保健品的

价格贵。或许大多数营业员在得到客户这样的回答后，都会中止向客户推销。但是，这位营业员却没有这样做，而是微笑着对年轻女子说道："这类产品并不贵的。要知道，老年人因为种种原因，身体会出现各种各样的疾病。尤其是缺钙，如果这时不好好补补钙的话，就很容易出现腰酸背痛的情况。我们这款保健品是专门针对老年人的这一情况而研发的，我看您是一位很有孝心的人，一定不会因为这个价位，就拒绝向老人表达孝心的。"年轻女子被营业员的一番话说得连连点头："你说得很对，帮我们拿一盒吧，如果效果好的话，我还会继续购买的。"

上述故事中的这位药店营业员，正是巧妙地运用了激将法，从而成功地将保健品卖了出去。可见，在开发客户时，若是能够抓住时机运用激将销售策略，则可以达到成功销售的目的。不过，推销员要注意的是，在运用激将销售策略开发客户时，一定要找准合适的客户，并在不伤及客户自尊心的前提下来达到好的激将效果。

激将成交法具有很多优点，主要体现在以下几个方面：

首先，运用得当，往往能促使客户马上购买。

其次，可以减少客户异议，缩短整个交易的时间。

最后，如果对象选择合适，更易于完成成交工作。合理的激将，不但不会伤害对方的自尊心，还会满足对方的自尊心。

但是，由于激将成交法的特殊性，在具体运用时，推销员如果激错了对象，会适得其反，或使事情向更坏的方向发展，反而不利于成交。

运用激将成交法，推销员应注意以下几个问题：

（1）不能逼迫客户

推销员不应该向客户提出这样的问题："您下定决心了吗？""您是买还

是不买？”尽管已经看到产品的好处和购买的利益，仍有不少客户受自尊心的驱使，不愿意就此放弃原有立场。如果推销员要这些客户马上回答上述那类问题，客户必然感到难堪，导致成交困难。

（2）要看准对象

一般来说，激将成交法并不适用于所有人。它多适用于那些谈判经验不太丰富，又容易感情用事的人。因为他们在受到“刺激”的情况下，极易失去理智。那些成熟稳重、富于理智的老成者与那些谨小慎微、自卑感强、性格内向的人都不适用激将法。因为富有刺激性的语言会被他们误认为是挖苦、嘲笑，极有可能导致其产生怨恨心理。

（3）要注意态度

激将成交法一般用的是言辞，而不是“态度”。所以，推销员千万不能为了激起对方的自尊心而甩脸色、拍桌子，这不仅有损你的风度，还会让对方对你产生厌恶的心理。

25. 抓住客户的“从众”心理

“从众”是一种比较普遍的社会心理和行为现象，也就是人们常说的“人云亦云”“随波逐流”。大家都这么认为，我也就这么认为；大家都这么做，我也就跟着这么做。从众心理在消费行为中也是十分常见的。因为好多人都喜欢凑热闹，当看到别人成群结队、争先恐后地抢购某商品的时候，也会毫不犹豫地加入抢购大军。

人为什么从众？因为“安全”。吃饭的时候，人们会挑选人数最多的饭店，购物也是。这就是安全的需要，它无形中驱使你跟从多数人的选择，“人多安全”，这是基本的常识。从众心理解决了“安全”的问题，而销售中推销员经常面临这样一个问题：“如何让客户对我的产品放心？”解决这个问题的答案就是利用从众心理。比如“大姐，你家隔壁的李阿姨也买了我推荐的这套抽油烟机，她非常满意”“很多人都买了这一款面膜，反响很不错”“小区很多像您这样年纪的女士都在使用我们的产品”等，这样的言辞就巧妙地利用了客户的从众心理，使客户心理上得到一种保障感。

做化妆品生意的王女士在向一位顾客推荐韩国进口的护肤品。

顾客：“我以前没用过这个牌子的护肤品，而且市面上好像也没有卖，不知道效果到底好不好。”

王女士：“是啊，选择一款适合自己肤质的护肤品才是最重要的。正好我们周末有个美容沙龙，您也一起聚聚？聊聊美容护肤方面的话题，相信您会感兴趣的。”

在周末的美容沙龙上，该顾客看到前来参加聚会的女士们人人都打扮得高雅大方，这使她非常羡慕，聚会过程中聊到的关于护肤的知识也让她受益匪浅。聚会结束后，她兴奋地问王女士：“她们都是用的这种护肤品吗？”“对啊，她们都用这款护肤品，我自己也在用，韩国进口的，我们都觉得很不错。”当这位顾客向自己提问时，王女士抓住机会促成了销售，该顾客也成了她的一位忠实客户。

在整个销售过程中，王女士准确地把握了顾客的购买心理。在第一次介绍产品的时候，很明显，由于这个产品没有什么知名度，顾客对于使用产品后的效果持怀疑态度。但是在美容沙龙这样的环境中，当顾客看到聚会上的其他女士都容光焕发，并且使用的都是这个品牌的护肤品时，她的心理也就发生了变化。她相信只有好的产品才会有这么多人使用，跟着大家的选择一定不会错，于是做出了购买的决定。

推销员在利用从众心理时，要注意以下几点，以保证取得良好的效果：

（1）保证产品的质量

好的产品质量是利用客户从众心理的前提。因此销售最终还是要以质量赢得客户，利用从众心理只是吸引客户的一个手段而已；如果客户购买产品后发现质量不过关，那么他们是不会再上当的。

（2）向客户列举具有说服力的老客户

推销员要尽可能选择那些客户熟悉的、比较具有权威性的、对客户影响较大的老客户作为列举对象。否则，客户的从众心理很难被激发出来。例如，推销员可以这样说："国内许多知名品牌的电器设备公司都是从我们公司购买这些小配件的，比如××集团……"客户在听了推销员的这番话后，肯定会想："连××集团这样具有知名度的企业都在这里采购，那我也就放心了。"这样客户就很容易签下订单。

26. 利用客户的逆反心理

逆反心理是指人们为了维护自己的立场，而对对方的要求采取相反的态度和言行的一种心理状态。推销员如果能很好地把握客户的这种心理，就能很顺利地促成交易。

因此，推销员在向客户推销产品的时候，要学会刺激客户的逆反心理，引发客户的好奇心，让客户产生强烈的购买欲望：你不卖给他们，他们非要买。从而调动客户的积极性，使自己的销售工作获得成功。

在一家箱包用品店里，一位中年女士走到了柜台前。服务小姐热情地迎了上来："您好，女士，有什么可以帮到您？"

顾客："小姐，把那个白色的手提包拿给我看看。"

推销员："好的，女士。您真有眼光，这是店里今年春季推出的最新款，每款只有两个，今天上午一位女士刚刚买走一个，现在只剩下这一个了。您看这做工，这款式，这个包要是拎出去，真的很上档次。"

顾客："嗯，是不错。多少钱？"

推销员："这款目前销售价是1988元。"

顾客（带着明显的犹疑）："哦，这款打折吗？"

推销员（快速扫视了一下女士）："新款是不打折的。"随后，推销员从旁边的架子上拿下一款深紫色的手拎包："不然，您看看这一款？那款白色的偏年轻的女士拎效果会更好，这款紫色更适合您，而且打折后是588元，比较符合您的需求。"

顾客："你觉得我老了买不起吗？"

推销员："女士，我没有这个意思，您误会了。"

顾客："我就要这款白色的，给我开票！"

推销员："好的。"

生活中，你越是禁止一个人去做什么，这个人就越想做什么。这是正常的事情。聪明的推销员就是从这点看到了玄机，他们会把自己假扮成一个不情愿的卖主，以此来实现销售的成功。

某名牌红酒的推销员在向顾客推销时，通常会遵循由高档到中档、再到低档的顺序。

介绍高档红酒时，他会说："这是公司顶级的红酒，贴有传统的古典酒标，挺贵气。”

介绍中档红酒时，他会说：“这是第二等级的红酒，也相当不错，后味甜美。”

介绍低档红酒时，他会说：“这是一般等级的红酒，清新怡人。”

然后，他会向顾客说：“我觉得你应该买这款顶级的红酒……”

顾客一听，常常会说：“太贵了，还是看看其他的吧！”

结果，大多数顾客都会选择那款中档的红酒。

这时候，这位推销员赶紧跷起大拇指，笑着说：“您可真有眼光！这是最聪明的选择，要知道，在这么多款红酒里，只有这款性价比最高！”

顾客一听，感觉很得意，自然很爽快地付钱了。

案例中的推销员一开始最想推销的就是中档红酒。那么，他何以不直接力荐中档红酒呢？因为，他很了解顾客的心理。任何一位顾客面对推销员时都有一定的戒备心理，他们总是担心推销员推荐的商品是利润最高的或者是滞销品。因此，时常会出现这样的情况：推销员推荐什么，顾客偏偏不买什么。

案例中的红酒推销员很了解顾客的这种心理，于是，反其道而行之，虽然一开始就决定了推荐目标，却不露声色，反而推荐起顾客可能不会选择的商品。结果是正中下怀，顾客选择了推销员最想推销的那一款红酒。这时候客户会有这样一种心理，“这东西没问题，是我自己决定的”或“推销员都不得不承认我有眼光，看来我真是选对了”，于是，很高兴地付了钱。

推销员在利用顾客的逆反心理时也有两个要领：

首先，逆反心理大多适用于性格很要强的人。并非每个顾客都有很强的逆反心理。一般而言，对那些性格倔强，又觉得自己很有能力的人，利用逆反心理最有效。

其次，要注意把握分寸。一般情况下，人一旦受到批评，就会产生一种逆反心理，如果善于利用这种心理倾向，就可以操纵顽固的抗拒者。

人人都有自尊，运用得当就能很好地激发对方的斗志，一旦过分则会伤害对方的自尊心。所以在利用逆反心理时一定要注意把握好分寸，不要招致对方反感。

第四讲

提起兴趣，点燃客户消费的欲望

对于推销员来说，如何调动客户的购买动机，点燃客户的消费欲望，是十分重要的事。面对客户，想要调动其购买的积极性，就要想方设法引起他们内心的满足感，让他们从购买你的商品中获得实惠，获得利益，获得好处，从而产生强烈的购买动机，主动掏钱购买你的商品。否则，不管你的商品有多好，你要是硬塞给客户，客户无论如何是不会接受的。推销员要善于利用人的心理规律，影响自己以及客户的行为，促使销售成交和签单。

27. 兴趣是可以培养与诱发的

兴趣能促使客户做出购买决定。当客户对某商品感兴趣后，就会产生购买欲望，接着做出购买决策。兴趣还可以激励客户重复购买行为，而成为某商品的黏性主顾。兴趣是可以培养与诱发的，推销员的工作就是要不断地培养与诱发客户对产品的兴趣，使客户在兴趣的引导下完成购买。

当一位推销员得知她的客户新买了一条宠物狗时，她迅速对此进行了研究。她在当地的一家宠物商店前停了下来，发现了一份免费发放的季刊，刊物中充满了千奇百怪的想法、故事和广告，还有有关小狗训练和饲养的文章。她给这位客户寄了快递，附寄了这些资料。当下一次她给那位客户打电话的时候，他们就有了一个谈论的主题。这位客户非常感动，因为推销员有着与自己相同的爱好，他很快就成了她最忠实的客户。

一个推销员在向客户推荐产品时，这样说道："我想推荐本公司的新产品，希望您一定要看一下。这款新产品占我们公司投资总额的 8%，历时两年时间研制而成。产品成功地使用了 ×× 材料，这在行业中尚属首例，填补了行业空白。我对这种产品非常有信心，相信它一定可以帮助贵公司。所以，我才在第一时间向您郑重地推荐这款产品。"

通过这段介绍，我们能了解这名推销员的最终目标是卖出产品，同时还能让客户感受到他对自己公司产品的深厚感情，而实际上他却离说服对方的目标越来越远了。因为这段介绍中没有一点儿对客户有利的信息，甚至还会引起客户的怀疑："开发成本高很可能是因为最初的模型费太贵了。""从开发到现在花了两年时间，现在产品是不是已经过时了？"……客户经过考虑后，会发现"产品中是否使用了填补行业空白的 ×× 材料与我们公司无关，我们不关心这种材料到底是什么"，从而放弃购买。

如果这样说："这是我们公司的新产品，由于在研发时使用了新材料，成功地将产品减小了一半，这在行业中尚属首次。如果贵公司使用这种产品的话，可以大幅地节约空间。"效果是不是会更好呢?

我们必须永远记住：客户买的是"利益"——产品能给他们带来的舒服、方便快捷、开心、健康、安全感、名望、节省、效益等，而不是产品本身。因此，我们应该用通俗易懂的语言直接地向客户阐述清楚：产品有什么优点，会给他们带来什么好处。

有一个中年男子到玩具柜台前闲逛，推销员韩虎热情地接待了他。男子顺手把摆在柜台上的一只遥控飞机拿起来。

韩虎马上问："先生，您的孩子多大了？"

男子回答："8 岁！"接着把遥控飞机放回原位。

韩虎说："您的孩子一定很聪明吧？这种遥控飞机刚刚到货，是最新研制的，有利于开发儿童智力。"他边说边把遥控飞机放到柜台上，手拿遥控手柄，开始熟练地操纵遥控飞机，翻滚、高飞、旋转，展示了遥控飞机的各种性能。然后他把遥控手柄递到男子手里，说："试试吧，和孩子一起玩，多好！"

那位男子也开始玩起来。这时韩虎不再说话了。大约两分钟后，男子停下来端详玩具，一脸的兴奋。

韩虎见机会来了，进一步介绍说："这种遥控飞机能飞行 150 米远，可 3D 翻滚，外壳采用先进的 ABS 型环保强韧性塑料支撑，耐摔耐撞不易坏，控制平衡系统配备进口六轴陀螺仪，飞行更稳定。这种玩具设计很精巧，玩起来花样很多，比别的玩具更有吸引力，孩子肯定会喜欢，来买的顾客很多的。”

男子说：“嗯，有意思，多少钱啊？”

韩虎仍然保持着微笑：“先生，好玩具自然与低劣玩具的价格不一样，这种遥控飞机不足 300 元，它可以锻炼孩子的空间意识和飞行技巧。要知道孩子的潜力是巨大的，家长得给他们发挥的机会。您买这种玩具不会后悔的。”他稍停一下，拿出两节充电电池，说，“这样吧，这两节新电池免费奉送！”说着，便把遥控飞机连同两节电池，一同塞进包装用的塑料袋递给男子。

男子接过袋子说：“不用试一下吗？”

韩虎说：“绝对保证质量！如有质量问题，三天之内可以退换。”

男子付了款，高高兴兴地提着玩具走了。

顾客一旦对什么产生了兴趣，一般会立即表现出一种情绪上的兴奋，这时推销员一定要抓住使顾客产生兴奋的只言片语，及时重复和发问，或者主动介绍，以强化顾客的兴趣，达到销售的目的。

就像这个案例中的推销员韩虎，当他看见顾客拿起玩具后，就知道顾客已经对这个玩具产生了一定的兴趣。这时他及时上前询问，当得知顾客的孩子 8 岁时，把玩具与培养孩子空间意识等联系起来，并为顾客展示玩具的各种性能，把顾客的兴趣进一步激发出来。推销员要具有一定的观察力，做到随机应变，针对不同的顾客需求使用不同的推销技巧。

有这样一则信息：“市场上每年会涌现[illegible] 3 万种新的消费品，但其中 90% 以上都以失败告终。”为什么会这样呢？原因很简单，顾客只对他们所需要的产品感兴趣。因此，要使顾客接受你的推销，首先要从关注顾客的需求入手。推销员在与顾客沟通时，要善于捕捉顾客的需求信息，在准确判断顾客的兴趣后再向顾客推销。否则，无论怎样夸夸其谈也无法将其打动。

28. 投其所好，抓住客户的兴趣点

心理学研究表明，情感引导行动。积极的情感往往能产生理解、合作的行为冲动，消极的情感往往带来的是排斥和拒绝。也就是说，如果你想让客户相信你是对的，首先要让客户兴奋起来，充满积极的情绪。而处在这种兴奋、积极的心理状态的人，是很容易接受和信任他人的。

比如，在与客户交流时，先讲一些令其异常兴奋的事情，投其所好。这样，客户会在意犹未尽的情况下，痛快地答应你提出的要求。这里所说的“好”，其实就是客户的“兴奋点”。具体地说，应包括客户的爱好、兴趣，以及客户所关心的话题，等等。

某企业想同一家大型连锁超市做一笔生意，几次洽谈都未成功。一个偶然的机会，这个企业的一位推销员听说该大型连锁超市经理特别喜欢下围棋。等到再次见面时，这位推销员随手带了一本棋谱，并借机与经理讨论起围棋来。结果奇迹出现了，没等推销员提醒，这位经理就答应进这家企业的货。

在销售中，投其所好是一种攻心术。所以你若要让别人对你的态度发生改变，让客户对你以及你的商品和服务产生兴趣，必须最大限度地去引导和激发客户积极的情感。“投其所好”就是一种引导和激发客户购买欲的过程。

很多做生意的人都有自己固定的老客户，而这些老客户究竟是怎样来的呢？他们也是从新客户变成老客户的。在和客户沟通时，要注意他们的行为，发现他们的爱好，当他们第二次光临的时候你就需很好地与之交流。比如：甲喜欢喝普洱茶，在他去你那里的时候，你就为他冲一壶普洱茶；乙不喜欢坐太高的椅子，那你就为他准备一个矮点并且舒服的坐椅；丙喜欢聊聊家常，那就要记得问其家人的近况和工作的情况，适当地关心他的身体；等等。这些都会

让客户觉得自己在你这里受到了 VIP 待遇，所以不会再去别的地方：花一样的钱为什么不找一个服务好些的商家来合作呢？这个道理谁都懂，只是有些推销员往往忽视了。

作为推销员，我们必须认识到：客户内心真正需要的是什么？他们的心理需求是什么？他们的心中藏着什么“秘密”？对于这些自己不太清楚但十分关键的问题，该怎么去了解？又该怎么回答？

你首先要解决的是：“我为什么要听你讲？”

初次销售，客户的心理就是这样的。如果你不能激起客户的兴趣，不能让客户必须听你讲，必然会导致销售中断。

因此，推销员必须以实物或戏剧化的过程抓住客户的兴趣点，投其所好。

推销员：“总经理，您好！今天我来主要是向您推销东西的。”

客户：“不好意思，我想我这里什么都不缺。”

推销员：“您误会了，我是来向您推销钞票的。”

客户（来了兴趣）：“钞票？怎么个推销法啊？”

推销员：“是这样的，您对贵公司的营业额特别看重是不是？”

客户：“那当然了。不过，这两者之间又有什么关系？”

推销员：“既然您看中营业额，那您看重的就是效益。这里是我们公司为客户准备的集中培训项目，目的就是给客户带去更好的效益。如果您接受了我们的服务，那我不就是来给您推销钞票的吗？”

这位推销员就在实践中很好地做到了投其所好这一点，让客户从一开始就对他及他的产品产生浓厚的兴趣。兴趣有了，接下来的事情就简单多了。

对于推销员来讲，投其所好不但能更好地获得客户的理解，还能更清楚地了解对方的思想轨迹，切中“要害点”，并巧妙地刺激客户的需求，让他们把内心的想法完全表达出来。只有这样，推销员才能与客户进行有价值的交流。

29. 多谈客户感兴趣的话题

俗话说，物以类聚，人以群分。这种说法也得到了心理学的证实，研究发现，人们更愿意同那些与自己相似的人交朋友。所以，如果你想让别人喜欢你，那么最好多谈对方感兴趣的事情。推销人员如果想让客户喜欢你，愿与你做生意，就得谈论客户感兴趣的话题。

话题选择上，初期切入时，可以选择一些近期热点话题，比如：疫情影响、油价涨跌、中美对抗、中印摩擦、人民币升值，等等。中期深入时，要选择一些客户关心或喜欢的话题，比如：做电商的客户更喜欢政府对互联网的政策，处于转型拐点的实业客户更关心传统实业如何转型。后期收尾时，可以找一些双方都在意的话题，比如曾经相似的经历，从而找到更多的共鸣。

小吴是保险推销员，有一次他去拜访某公司的经理王先生，想向他推销新出的险种。见面后，小吴先对要推销的险种做了大概介绍，让王先生了解情况。但是，他发现王先生听得哈欠连连。

这时，小吴发现王先生办公室的书橱里放着许多国学书籍，办公桌上放着一本《论语》。小吴眼前一亮，找到了突破口，对王先生说："您是不是对国学感兴趣？您对《论语》应该有一些高妙的见解吧？"

昏昏欲睡的王先生听到小吴谈到《论语》，一下精神起来，说："对，我对《论语》特别感兴趣，对于丹的《论语》心得不太赞同。"

小吴顺势说："其实我大学时读过南怀瑾的《论语别裁》，也看过于丹讲的《〈论语〉心得》，不过没有深入研究，听不出好坏。如果有时间还望您能不吝赐教。"

王经理兴致来了，和小吴讨论起来，保单也成功地签了。

这个故事从心理学的角度来看，就非常容易解释。一般情况下，当人们遇到自己感兴趣的话题，就会投入十二分热情；但是，如果对话题没有丝毫兴趣，即使对方热情高涨，自己也会昏昏欲睡。

推销员的工作对象是人，人都有七情六欲，在与顾客沟通时，应该学会灵活对待。不同的客户有不同的性格、爱好、处世方式等，要想说服他们，就必须练就“见人说人话，见鬼说鬼话”的本事。

顾客光临，推销员应该第一时间发现顾客的社会角色、性格特点、生活背景和消费需求。比如，观察顾客的穿着，可以知道顾客的喜好：穿着时尚的，对款式有要求；穿着朴素的，一般关注品质与性价比；爱化妆的，对色彩有要求；穿金戴银的，喜欢露富，要大气有面子。

王慧是沙发店的推销员，一对中年夫妻来看沙发，男的一看就像领导，女士很有气质，身材高挑，穿着讲究。导购给他们介绍了一款浅咖啡色的中高档产品，款式较中规中矩，他们也算认可，但依然要去别的店看看，也不知是哪里出的问题。王慧看到女士手提一款大红色的手包，而且喜欢化妆，所以又大胆地推荐了一款酒红色的沙发，款式较时尚。王慧说：“姐，一看您就是有品位的人，很注重色彩搭配。”女士问王慧：“你怎么知道？”王慧说：“像您这个年龄的顾客，敢提着大红色的包，而且穿着讲究的，比较少。”女顾客笑了，说：“你真细心。”结果成交了！

也许有人会说，谁都知道要挑客户感兴趣、爱听的话说，可问题是我们并非客户肚子里的蛔虫，他们想听什么，我们怎么知道？其实，推销员只要学习一下心理学的技巧，就可以猜到客户心里的想法，从而投其所好。

（1）如何判断客户是否感兴趣

大多数时候，推销员都能感觉到客户的不耐烦，但如果遇到一些善于掩饰自己情绪的客户，这种凭感觉判断对方是否感兴趣的方法就会失效。

此时，我们不妨借助微表情心理学的知识。在双方交谈时，仔细观察对方的眼神、视线、眉毛、嘴角等部位的表情变化。如果客户出现眼神游离不定、左顾右盼、眉头轻皱、嘴角下拉等表情，那么很显然，对方已经有点不耐烦，但出于礼貌又不愿意打断你说话。此时，你最好将话题转移到客户感兴趣的事情上，否则推销很有可能会以失败告终。

（2）客户感兴趣的究竟是什么

不同的客户有不同的背景、性格、喜好、品位、审美观等。作为推销员，每天需要面对大量的客户，我们如何才能知道他们对什么感兴趣呢？

在我们对客户不是很了解的情况下，不妨从客户的工作情况、热门的时事新闻、流行的电视节目、天气的变化无常等方面来展开话题，这些话题往往是社会大众普遍关心的问题，比较容易引起客户的兴趣。

每个人都有自己感兴趣的话题，或者是自己擅长的领域，或者是最近期望了解的东西，或者是利益所在。推销员必须准确判断客户的兴奋点是什么，对哪些话题感兴趣，然后主动围绕这些话题展开对话，让对方接受你。

30. 卖点不行换买点

每一样产品都有和其他同类产品不同的地方，这便是它的特征，也是它的“卖点”。只有从客户最感兴趣的方面介绍产品，才能吸引客户的注意力。比如说，别墅、名车、高尔夫会员资格等高级别的商品，它们往往是地位与身份的象征，就应该在“地位与身份”上大做文章；汽车、音响、高档相机、旅行产品、空调设备，是人们追求舒适和欢乐所要求的，所以对这类商品，要不遗余力地向客户强调它们的使用效果及卖点所在；对于微波炉、打印机、全自动洗衣机、电脑等商品，应该在功能和经济性上给对方以“利诱”；而钢琴、大型音响设备、昂贵的化妆品、珠宝等，可以称之为“奢侈品”，不妨抓住客户的虚荣心大加渲染。

一款产品好卖与否与其卖点有着直接关系，提炼卖点被视为销售工作的重中之重，尤其是在产品同质化严重的市场环境下，提炼产品的独特卖点更加重要。找产品的卖点很容易，比如便宜、实用、牌子硬、用料好等，但要找到产品的独特卖点，而且能够快速打动客户，就没那么容易了。

小高在当地一家建材市场做导购，这天他接待了一位选购瓷砖的客户。

“欢迎光临，请问您选什么建材产品？”

“家里正在装修，想看看都有什么铺地的材料。你帮我推荐一款地砖吧。”

“这款陶瓷砖卖得不错，绿色环保产品，不会产生二次污染……”

“现在不都是绿色产品吗？”小高还没说完，就被客户打断了。

小高继续硬着头皮说：“地板最好采用玻化砖，玻化砖因为表面光亮，所以漂亮，同时耐磨性高，但是存在色泽单一、易脏、不防滑和容易污染等缺点。我们这种玻化砖采用颗粒技术与渗花技术的结合，使玻化砖的表面效果更接近石材，容易清洁，不容易污染……”

小高口若悬河地介绍该产品的特点，对方却无动于衷。在客户看来，绿色环保产品基本都一个样。小高这种强调自己产品与众不同的推销办法显然并没有说服力，客户对小高的推销不认同，产品自然也就很难推销出去。

在实际销售中，像小高这样找不准卖点的推销员还有很多，客户已经明确表达了“我不感兴趣”“环保是地砖的基本要求”的信息，小高却没把客户对卖点的反馈当回事，而是继续贩卖环保这个卖点，客户当然不买账。

产品的卖点，推销员一般都能做到表达清晰，可一旦客户不买账，绝大多数推销员就会无计可施，最终不得不放弃。其实，客户既然前来咨询，必定是有购买意向的，如果仅仅因为卖点没打动对方就打退堂鼓，岂不是很可惜？角度和立场不同，往往导致客户和推销员的想法不一致。你说产品便宜，客户却表示不在乎价格；你说产品高科技，客户却认为普通技术也挺好；你说产品环保，客户却觉得环保不环保没什么关系……不论卖点是什么，总会有一批对卖点不敏感的人群，如果他们对产品的卖点没有半点兴趣，又该怎么办？

答案是卖点不行换买点。

所谓买点，就是消费者对所购物品预期的那些特点或优点，简单说就是消费者对所购物品在脑海里形成的基本轮廓，比如所购物品的性能、质量、价位、档次、包装、服务等。

买点和卖点是站在不同的角度来定义的：买点是以消费者的核心需求为出发点，以客户为导向，以市场为中心；而卖点是站在商家的角度来推销产品的，其营销思维建立在商家的主观意识之上，也可以说是以产品为导向的。

比如说，某洗衣机大肆宣传其“耐用性”：3000 次运行无故障。这种貌似可精确测量的“卖点”其实就是个大谎话，是个假承诺。如果按一个家庭三天洗一次衣服来算，一年还不到 150 次，超过 20 年才可能使用 3000 次，但洗衣机使用寿命一般不超过 10 年！我们要能用 3000 次的洗衣机干吗？

当客户对你的产品介绍漫不经心时，你知道对方的买点吗？不同的客户买点也不一样，即使是购买同一件商品，其动机也存在差别。比如人们买书，有些人是想看书打发时间，有些人是想学点知识，还有一些人是为了附庸风雅。

推销员在推销过程中，一定要学会察言观色。如果客户对你的产品卖点不感兴趣，不妨询问对方“您想买什么样的产品”“买来做什么用”“打算如何使用产品”。只有熟知客户的购买动机，才能设身处地站在对方的角度来进行推销。这种“卖点不行换买点”的做法不仅能够迅速赢得客户的信赖，而且往往会令推销更具针对性。

需要注意的是，客户关于买点的回答往往是浮于表面的，推销员要善于通过这些浅显的信息分析客户的深层次需求，只有这样才能号准客户的“心脉”。

31. 用讲故事的方式吸引客户

沟通的方式有很多，选择客户最喜欢的方式才能取得很好的结果。一般来说，讲故事就是很受客户欢迎的沟通方式。

一个推销员某天晚上去拜访一位财大气粗的煤矿企业老板，这位老板叫陈金虎，文化水平不高，说话比较直接。面对推销员，陈金虎很不耐烦：“你不要多讲，一两句话告诉我保险是什么，我就买！”

推销员轻松地笑了笑，“陈老板，请您把客厅的灯关一下好吗？”

陈金虎：“干什么？”

推销员：“请您放心，我没有恶意，您只要按照我说的做就行了。”

陈金虎关了灯，屋里漆黑一片。

这时只听“当”的一声，推销员打着了打火机，屋里亮了起来……

推销员：“陈老板，这就是保险，在黑暗的时候能给您带来光明。”

陈金虎笑了笑，订单成交了。

优秀的推销员都会巧妙地利用人们喜欢听故事的心理去取悦客户。通过故事，推销员能把要传达的信息变得饶有趣味，使客户乐于接受，给客户留下深刻的印象。当一个推销员能让产品在客户的心目中留下深刻、清晰的印象时，就有了真正的优势。

其实，任何商品都有它迷人而有趣的话题，比如产品是怎样发明的，怎样生产出来的，它能带给客户什么好处，等等。

2014 年，某家公司举行新手机发布会——“一块钢板的艺术之旅”：讲述了一块普通的钢板，如何经过一系列神奇的加工，变成手机的不锈钢边框。这块钢板就是“奥氏体 304 不锈钢”，它有极强的防锈、耐腐蚀性能，又有极佳的可塑性和韧性，方便冲压成型。这则故事吸引了很多“粉丝”疯狂地买这款手机。那么，什么是“奥氏体 304 不锈钢”呢？奥氏体是为纪念英国的罗伯茨·奥斯汀对金属科学的贡献而命名。其实 304 不锈钢是一种很常见的不锈钢，我们用的勺子、厨房的不锈钢台面、水盆、拖把杆、晾衣架……都是这个材料。知道了这一点，如果一个卖不锈钢餐具的人跟你吹嘘餐具是用“奥氏体 304 不锈钢”材料做的，你还会露出很惊喜很崇拜的眼神吗？这家公司使用一个专业名词来做营销宣传，并美其名曰“一块钢板的艺术之旅”，这就是讲故事的好处。

一位推销老手说过：“用讲故事的方法，你就能吸引客户的注意，使客户产生信心和兴趣，进而毫无困难地达到销售的目的。”

消费者有心理共性，就是喜欢听别人的故事。推销员应该充分利用这一心理共性，让消费者在听故事的同时了解产品的特点和优点，这比灌输式的宣传效果更好。

推销员可以挑选生动、有趣的故事，作为销售的武器。

销售故事一般包括：

真实的客户个案；

客户购买后的愿景；

推销员根据商品独特卖点设计的小故事；

关于企业愿景的故事；

关于企业光辉历史的故事；

关于企业创始人的故事；

关于商品的文化背景的故事；

……

小刘是一家名表专卖店的推销员。一天，一位客户来到柜台前选购手表，却一直没有中意的。小刘注意到这位客户对这些品牌手表的来历不太了解，于是向对方推荐一款瑞士生产的手表。

小刘："先生，这个品牌的手表款式新颖，档次上乘，很适合您啊！"

客户："我以前没怎么听说过这个品牌啊。"

小刘："这是瑞士的一个经典品牌，也是一个名牌，带有瑞士中世纪的复古风格。"

客户："这倒没听说过。"

小刘听到这儿，迅速做出了以下几个判断：客户对产品的选择倾向于情感方面，他对品牌的名气看得非常重。于是小刘说："可能国内的大部分人都没听说过吧，可它却是大有来历的。这个品牌自 1919 年创立以来已有百年历史。这么多年来，它历经三代人科学经营，坚持'品质第一'的生产理念，以'精致、可靠、耐用'闻名于世。20 世纪 50 年代传入中国，这也是我国最早引进的外国手表品牌之一。这款手表的零件一直由世界著名的供应商提供，例如机械表的发条，只要注重保养，使用 20 年弹性仍然不变……"

手表的故事使客户很快喜欢上这款表，并决定购买。

很多推销员简单地认为只要熟悉产品知识就能将产品卖出去。其实，这是一个错误的认识。一个优秀的推销员必须具备高超的沟通技巧，能在短时间内让客户对产品感兴趣。而讲故事的方式可以增加谈话的趣味性，吸引客户的注意力。那些善于沟通、善于跟人打交道的推销员都有非常出色的口才，都善于讲故事。

某名牌化妆品的推销员马雅就是一个讲故事的高手，我们来看看她是如何通过讲故事推销成功的。

一天，马雅接待了一位女性客户。通过交谈，马雅发现客户的购买动机是安全感：因为她的皮肤容易过敏，需要无添加成分的化妆品。针对侧重于安全感的客户，马雅讲了一个身边的故事："我以前服务过一位女士，她的皮肤也非常敏感，轻易不敢试用化妆品。不过，她后来看到我们的商品标示无添加成分，十分感兴趣，鼓足勇气试了一下，还真没问题。"马雅接着说："您不妨看一下我们的宣传单，上面有对商品成分的详细说明。在服务过那位客户后，我对敏感皮肤也积累了一些知识。今天遇到您真是太高兴了，我一展身手的时机到了。"

马雅的另外一位客户的购买动机则是归属感，希望通过购买高价格的化妆品来为自己的社会角色、身份找到认同感。马雅针对侧重于归属感的客户，所设计的故事则有所不同："我觉得您的容貌有点像东方卫视主持人 ×××，她也是我们商品的使用者。如果您有兴趣的话，不妨看看我们的宣传页，很多知名女性都是我们的忠实客户，而且她们也愿意站出来为我们的商品代言。我觉得您的气质十分高贵，跟她们一样的选择，才能配得上您。"

同样的产品，不同的故事，都达到了效果。

在推销过程中，推销员应先发制人地对客户做出判断：客户的购买动机是什么？动机背后隐含了什么样的心理需求？这些心理需求是否足够迫切？如果不够迫切的话，如何朝有利于销售的方向加强？……

快速而准确地把握客户的心理需求，再根据客户需要用故事包装商品。故事能将冷冰冰的数据和人的情感相结合。要记住：好故事能快速点燃客户的购买欲望。

32. 给客户更大的选择空间

客户总是希望以更低的价格购买到更称心的商品，当这两个条件不能同时成立时，他们会根据自身需要做出选择，而这时推销员必须把握好客户的选择倾向，尽可能地给客户一定的选择空间，让他们觉得是自己在做选择。在客户选择的过程中，推销员要在合适的时机根据客户的关注点有技巧地提出合理化建议，这是节约销售时间、提高销售量的重要途径。

一位床垫推销员先领顾客观看最便宜的床垫，然后说：“这是价位较低的一款，您满意吗？”顾客听后表示否定。

顾客买床垫，一般都希望能用上几年，所以不想买最便宜的应付了事，宁可多花点钱也要买一款耐用的。不过，见推销员这么推荐，顾客就会产生这样的心理：“这推销员还不错，不是只给我推荐贵的。”于是防范心理就少了一些。

这时候，推销员再领顾客看价格较高的一款床垫，说：“这种床垫可以用 20 年，价格虽然贵一些，但是因为耐用，算起来性价比很不错。”顾客点点头。

然后，推销员再领顾客看价格最高的一款，介绍说：“这是我们这里最贵的一款床垫，做工精细，用 30 年没问题。”结果，顾客果断地买了中档价格的床垫，而这实际上恰巧是推销员最想推荐的一款。

根据大多数推销员的经验，介绍商品时应遵循一定的价格顺序，但也并不是所有的商品都要遵循这样的顺序。比如，耐久性的消费品与不强调耐久性的消费品相比，就有所不同。要介绍耐久性的消费品，比如家具或电器等，可按价格从低到高的顺序展示。反过来说，介绍日用品、化妆品等对耐久性要求不高的消费品，则可以按价格从高到低的顺序展示。

一般人选择耐久性消费品时，最关注性能和品质，舍得花钱。因此，采取由低价到高价的产品展示法最容易消除顾客的戒心，同时，自行做出购买决定也会让顾客产生很强的自我满足感。

而对于耐久性要求不高的消费品，人们在选择时更看重商品的个性化，通常不会强调买贵的，而主张买对的。因此，从高价向低价的产品展示法能消除顾客戒心。

客户购买商品前都会从不同角度进行一番权衡，既然这样，他们当然希望自己能够拥有一定的选择空间，否则，即使推销员提供的产品符合他们的要求，他们也可能会到选择较多的商家去购买。这种购物心理在女性客户身上表现得尤其明显。因此，精明的推销员都会抓住客户的这个心理，提供多种选择。

就拿超市里的洗发露来说吧，即便是同一品牌也会细分成多个产品线：去屑洗发露、柔亮洗发露、修复洗发露、防脱洗发露……细分后的洗发露如去屑、柔亮、修复、防脱等品种更容易与客户的发质情况相契合，头屑多的人会选择去屑型，头发分叉的人会选择修复型，爱脱发的人会选择防脱型。如果你仔细比较不同洗发露的成分表，会发现无论是去屑型、柔亮型、修复型还是防脱型，其成分往往大部分是相同的。为什么同样的成分，产品却要突出不同的效果呢？因为选择多，客户总能从中找到自己满意的。

客户期望拥有更大的选择空间，以使自己能够更有弹性地选择，这是折中心理的重要体现。了解到客户的这种心理，推销员在向客户推销商品时，不妨给他们留下选择的余地。

33. 通过现场演示，让客户自己说服自己

让客户体验产品是很有必要的。纵然是世界上最优良的产品，如果客户没有亲眼看见、实际使用，也很难理解产品的魅力，更别说产生强烈的购买欲了。所以，要设法刺激客户的视觉、听觉、嗅觉、味觉、触觉去体验产品。

刺激视觉：想办法让客户多看一些。

刺激听觉：尽可能告诉客户使用产品的心得、经验。

刺激嗅觉：尽可能让客户多闻一闻。

刺激味觉：设法让客户多尝一尝。

刺激触觉：让客户多接触产品。

有一位安全玻璃推销员，年年是销售冠军。某一年颁奖的时候，颁奖的总经理问他："你的成功秘诀是什么呢？"

推销员想了想，笑着说："其实我的方法很简单。每次我去拜访客户的时候，都会提着一个皮箱，皮箱里装许多15厘米的安全玻璃的样品和一把小锤子。我会直接问客户，你是否相信有一种玻璃在强烈的撞击之下不会破碎？每一个客户都会说不相信。当对方说不相信的时候，我就把玻璃放在对方面前，拿起小锤子很用力地砸下去。看到玻璃没有破碎，客户都非常惊讶。这时我就趁机问他们，你看我的玻璃是不会碎裂的，你打算买多少呢？之后就让他们签单，收他们的定金，就是这么简单。"

一年后，这个推销员又是年度销售冠军。颁奖的总经理觉得奇怪，问他："自从去年你给大家分享了成功秘诀以后，大家都按照你的方法做了，可是今年你为什么还能拿到第一名呢？"推销员笑了笑，说："自从去年我跟大家分享了那个做法以后，就知道大家都会模仿我，所以我已经换了另一种方法了。"总经理问："那你现在的成功秘诀是什么呢？"

推销员回答说：“我的做法非常简单。当我去拜访客户的时候，我仍然带着那些15厘米的玻璃和一把小锤子，仍然问客户一样的问题，你相信有一种玻璃在强烈的撞击下不会破碎吗？当客户说不相信时，我就把皮箱打开，拿出玻璃放在对方面前，只是这次我把小锤交到客户手中，让客户亲自砸砸看。客户非常惊讶，玻璃经过撞击并没有破碎。我就直接问他们，你打算买多少呢？”

让客户自己砸玻璃，让他们自己说服自己，是值得我们借鉴和学习的产品介绍技巧。

有些客户对你的产品不了解，自然就很难接受你的产品，所以你要让他了解，让他们亲身体验一下，促使他们对你的产品产生兴趣。

一个推销员曾把一块透明塑料布样品递给一个汽车经销商，对他说：“请您摸一摸这块塑料布，试试看能否把它撕烂。”为什么要顾客这样做呢？因为推销员知道这位汽车经销商有上百辆汽车存放在露天停车场，需要塑料布把汽车盖起来，以防风吹雨淋。在推销时首先让顾客检验一下产品的质量，当顾客发现塑料布不容易撕烂时，当然会认为它是盖汽车的好材料，这样就引起了顾客的注意，坚定了其购买的意愿。

其实客户的要求很简单，他们并不关心产品的原理是什么，他们关心的只是实际的使用效果，通过现场演示让客户真正看到产品的实用性，他们自然就会相信你的产品，成交也就水到渠成了。

眼下经营服装的店铺里或柜台上，经常可以看见一些小牌子，上面写着“贵重商品，请勿动手”“无意购买者请勿动手”“请勿抚摸，谢谢合作”之类的告示，目的只有一个，就是不让顾客随便触摸那些价格昂贵的服装。其实，这是一种十分没有经营眼光的做法。越是高档品，消费者越是不能草率做出决定，就越需要全面地感受商品，包括用眼睛看，用手去摸，如果是服装鞋帽，还要试穿试戴，唯有如此，顾客才敢放心购买。如果不让碰、不让摸，顾客怎能下得了购买的决心呢？所以说，这种小牌子，可能保全了一套高档的服装，却吓跑了不少顾客，失去了许多可以成交的机会。

俗话说得好，“百闻不如一见”。在推销过程中，引导顾客主动参与，鼓励、引导顾客发表意见，请顾客动手试用，让顾客直接感觉产品的效用、优点及特性，这样能更好地展示产品的效果。比如当你向顾客推销遮阳伞的时候，与其干巴巴地说上半天，倒不如轻松地将遮阳伞打开，扛在肩上再旋转一下，充分地展示出伞的风采，这样做会给顾客留下很深的印象，从而让他们对你的商品产生好感。

34. 坦率一些，用开门见山这一招

在推销这个行业中，坦诚面对相对于别的方式来说更具优势，也更加容易让别人接受。在谈话中躲躲闪闪会引起客户的疑虑，不如坦率一些。比如，有的推销员在面对客户的时候，不敢开门见山，说话犹犹豫豫，而且表达的内容也没有顾及客户的利益，不仅引不起客户的兴趣，还常常会招致客户的反感。

王瑞是一家葡萄酒公司的销售新人，经理派他出去联系某家酒类专卖店，想给他们供货。下面是王瑞与该店店员的对话。

店员：“先生，您好！请问您需要什么酒？”

王瑞：“哦，我想看看红葡萄酒。”

店员：“好的，请您看这边。这种葡萄酒是采用优良玫瑰香型葡萄为主要原料，经低温发酵工艺酿制而成的一种干型葡萄酒……”

王瑞：“哦，好。不过，我不是来买酒的，我是来向您推销我们公司新产品的。我们公司的葡萄酒……”

店员："你不买酒为什么不早说啊，浪费我的时间和感情。我们这儿的酒类很齐全了，你去别家吧。"

自然，这一单生意没有谈成。王瑞刚开始的时候没有说清楚自己的意图，店员给他讲解了这么长时间，都做了无用功。如果你是那位店员，相信你也不会高兴的。要改变策略，请看下面的对话。

店员："先生，您好！请问您需要什么酒？"

王瑞："不好意思，我不是来买酒的。我是 ×× 葡萄酒公司的推销员。我这次来主要是想向您介绍我们公司的红葡萄酒和白葡萄酒，您看一下，这是资料。相信您这里如果放上我们的葡萄酒，营业额肯定会有所提升的。"

店员："哦，好吧，我看一下。这样吧，我们店长今天有事回不来，你留下联系方式，等我们店长回来了再约个时间详谈。如何？"

王瑞："也好。这是我的名片。"

两天之后，这笔生意就谈成了。

看出来这两个案例有什么区别了吧？后面这个案例的成功原因在于，一开始王瑞就说出了自己的目的，没有让这位店员误会，而且又让店员感觉有意外的收获。如果不知道如何开场，不妨就用开门见山这一招吧。

在用开门见山这种方式的时候，要注意把客户的利益放在第一位。如果你开门见山地跟客户说你的产品有多好，却只字不提对客户有什么好处，估计成功的可能性也不会太大。

保险推销员甲："李先生，您好！我希望您可以买一份我们的保险，您看一下我们这份保险资料。"

客户：“不好意思，我现在不需要保险。”

保险推销员甲：“李先生，您这么说可不对。谁能保证自己一辈子都顺顺畅畅的呢？是不是？万一哪天出点儿意外怎么办呢？所以说您还是买一份保险的好。”

客户：“我说了不需要。还有，意外不是人人都会出的。”

这里，这个推销员就处理得不妥。使用坦诚的开场白一定要注意从客户的利益入手，使客户认为他们的利益能得到保障，而且你是去给他们送利益的。那么事情就会变得非常简单。

保险推销员乙：“李先生，您好！我是 ×× 保险公司的推销员。”

客户：“你是来向我推销保险的？”

保险推销员乙：“是的，李先生。您一定也知道，每个人的一生都不是顺顺利利的，总会有意外发生。我们这份保险就是一份意外险，可以为您提供完善的保障……”

客户：“哦，是吗？有资料吗？我看看。”

推销员乙完成了这笔生意，原因就是他提出保险是为李先生的将来提供保障，使李先生可以无后顾之忧。

开门见山地向客户表明你的目的，是在销售活动中最常用的一种开场白方式，也是推销员使用得最频繁的一种。虽然经常被使用，也不具什么新意，但是只要掌握好方法和尺度，你也会取得非常好的业绩。不管什么时候，记住，从客户的利益出发永远没错。

第五讲

给人面子，得到单子

学会为客户保留面子，是推销中的一条基本原则。作为销售人员，无论何时，都必须尊重客户，没有人会希望自己被别人看不起。让客户没有面子，十有八九会令推销失败。

推销商品时，推销员最忌讳的就是指责对方，与客户发生争执。你每给别人一次面子，就可能增加一个朋友。我们应该把客户的面子当作是我们自己的面子一样，爱护客户的面子就是爱护我们自己的面子。

35. 你给客户留面子，客户给你签单子

资深推销员都明白这样一个道理：在推销商品时，不和客户的观点或意见相悖，不指责客户，时时刻刻都从客户的“面子”出发，把客户的面子保护得越好，推销活动就能进行得越顺畅。

一位汽车推销员向一位客户推销一款新出的汽车，客户说：“目前我还没有买新车的打算，我现在使用的那款车虽然看起来有些破旧，但是功能却还不错。”推销员早就看见了该客户的汽车，它看起来已经破旧不堪，还有多处划痕，几个轮胎也磨损得不成样子。对此，推销员没有直接说出来，毕竟这辆车已经为它的主人服务了多年，不是说换就换的。况且，直接说出这些看法肯定会让客户的面子受损。于是推销员就换了一种说法：“先生，您的车确实很耐用，一辆车能够行驶 20 万千米，您的技术确实高得惊人。但是如果您用旧车置换一辆这款新车，那么您既可以节省一笔钱，还能节省一笔油费，开出去也有面子，不是吗？”听到推销员的陈述，客户想了一下回答道：“我会考虑一下你的建议。”

这个聪明的推销员考虑到了客户的面子，从而使这个客户回心转意，同意考虑考虑，这就是保护客户面子的重要作用。在推销活动中，能保护客户的面子，也就意味着提高你成功推销产品的概率。

一家尾货服装加盟店曾碰到过这样的情形：收银员想问别的店员正确的价

钱，为图方便而大声嚷道："喂！小李，摆在门口那堆衣服里的衬衫到底卖多少钱？""那个吗？一律 59 元啦！"顾客被这么大声一嚷，好像全世界的人都知道他爱买"便宜货"一样，觉得浑身不自在，衬衫也没要，就走了。在推销中，这种不顾及顾客感受的行为绝对要避免。

俗话说，"树活一张皮，人活一张脸"，每个人都有爱面子的心理，不愿在人前露怯，不愿在公众场合丢脸，不愿被周围的人指点非议……生活中，爱面子的人随处可见，有的甚至不惜"打肿脸充胖子"。

爱面子的心理多少有些偏激，但对推销员来说，这并不是什么坏事。既然客户爱面子，那就让他们为自己的面子买单。聪明的推销员能够第一时间看透客户的心思，利用他们爱面子的心理进行推销。

朱燕是某大型商场的珠宝推销员，这天她接待了一对刚刚领证的白领小夫妻。得知两位客户是为了挑选结婚戒指而来，朱燕十分热情地推荐了几款对戒，其中有钻戒也有黄金、白金、彩金戒指。

"这款钻戒好漂亮，我很喜欢。亲爱的，你觉得怎么样？"

"这款钻戒怎么卖？"

朱燕一边微笑着将钻戒取出递给女客户试戴，一边回答男客户的问题："先生，您太太真有眼光，这款钻戒售价 19999 元，寓意一辈子长长久久。"报完价格后，朱燕注意到男客户的眉头皱了起来，面露难色。经验丰富的朱燕知道，这是嫌贵了。反观女客户，似乎并没有因此受到影响，依旧在欣赏戴在自己手上的戒指，脸上洋溢着幸福的微笑。

男人最怕在女人面前丢面子，尤其是在刚结婚挑选戒指这样的事情上。朱燕非常善于抓住客户的这种心理，她顺势说道："你们俩感情这么好，真是让人羡慕。先生一定很爱您的太太吧，刚才看您一直牵着她的手……俗话说'千金难买真喜欢'，看您太太这么喜欢，不妨就定这一款吧！比这款钻戒便宜的有，贵的也有，但未必能像这款一样合您太太的心意。”

话说到这份上，男客户即使觉得价钱贵，也不好拒绝朱燕的提议，毕竟没有人愿意在自己心爱的女人面前丢面子；即便能放得下面子选择价格更实惠的戒指，也会遭到女人诸如“你天天说爱我，却连一个戒指都舍不得”的质疑，轻则引发争吵，重则分道扬镳。朱燕正是抓住男客户这种不愿在爱人面前丢脸的心理，非常顺利地搞定了这笔生意。

一般来说，人们在伴侣面前、孩子面前、领导面前、同事或朋友面前最爱面子，所以如果客户结伴而来，就要仔细观察辨别，判断对方是不是一个把面子看得很重的人，进而再确定是否采用面子推销法。

36. 千万不要表现出优越感

法国哲学家罗西法古曾经说过：“如果你想得到仇人，就表现得比你的朋友优越；如果想得到朋友，就要让你的朋友表现得比你优越。”这句话揭示了一个心理学道理：优越感能引起一种自我肯定的心理暗示，在别人面前表现出优越感则会让别人感受到心理压迫，进而产生敌对情绪。

这个道理同样适用于销售领域。如果你想赢得客户，那就让客户表现得比你优越；反过来，如果你想失去客户，那就表现得比客户优越。在产品知识、价格变动、市场供需等方面，推销员往往比客户要专业，但千万不要因此产生一种居高临下的优越感。尤其是在客户什么都不懂的情况下，推销员千万不能表现得过于热情、积极，否则你的优越感势必会给客户造成心理压迫，从而使对方产生排斥心理，最终导致销售失败。

张贵忠是某电脑品牌的导购员，这天，他接待了一位非常年轻的姑娘。张贵忠热情地招呼道：“您好，请问您需要什么样的电脑？”姑娘在展厅简单地转了一圈后答道：“我想看笔记本电脑，不过我对电脑配置什么的也不太懂，您帮忙推荐推荐，办公软件运行流畅，速度快，不卡就行。”

听完顾客的要求后，张贵忠推荐了一款学生常用机型。他介绍说，这款笔记本电脑有512G硬盘、AMD R5处理器、16G内存、Windows10系统带Office、13.3英寸屏幕、待机时长大于12小时……他自己说得头头是道，可姑娘却皱起了眉头，面带不悦地打断道：“您说的这些我都不懂，机器好用就行。”此时，张贵忠“好为人师”的毛病一下子就冒了出来，开始像老师一样滔滔不绝地讲起了电脑的基本构造以及时下流行的技术。然而没等他说完，年轻姑娘便转身朝其他电脑品牌店走去。

为什么会出现这种情况？问题就出在张贵忠身上。尽管他对产品的专业知识了如指掌，但给不懂电脑知识的年轻姑娘造成很大的心理压力。尤其像张贵忠这样“谆谆教诲”，无异于将自己的优越感建立在客户的自卑感之上，怎么能让客户不反感：“我知道你的产品很高端，我也知道你技术水平很高，但是请不要用那么多技术术语好不好？我统统不懂，不但不懂，我还从你的语气里读出了你对我的蔑视，否则你说一大堆谁都不懂的术语干什么？不就是瞎显摆，欺负我不懂吗？凡是客户听不懂的话，都不是人话，因为你是在对着人说的，人听不懂，还叫人话吗？我要理解你的东西怎么解决我的问题的，不是来欣赏你或者你的产品的。所以你必须让我懂，而不是你自己说高兴就行了。我可以不懂，也可以不买你的东西，但别打算欺负我！”这就是客户的真实心理。

所以，向客户推销产品时，千万不要给人留下狂妄的印象，更不要摆出一副高高在上的说教者姿态，这样只会令客户产生严重的挫败感。记住，要让客户有优越感，而不是将自己的优越感建立在客户的挫败感之上。

小王和小李一同出去推销自己公司的某种产品，他们先后拜访了赵经理。小王进门后就开始滔滔不绝地向赵经理介绍自己的产品多么多么好、如何如何适合他，他不买就等于吃亏了，等等。这样的话不仅没有引起赵经理的兴趣，反而让他很反感，于是他很不客气地拒绝了小王。

小李来的时候，赵经理看他推销的产品跟小王推销的是同一种，本不想多谈，但又想听听小李会有什么样的说辞，就叫小李来到他办公室。

小李进来后没直接介绍自家产品，而是很有礼貌地先说打扰，然后又感谢赵经理肯在百忙之中见自己，还说了一些恭维话，对自己的产品却只是点到为止地介绍了一下。赵经理始终是一副冰冷的样子，小李觉得签单无望，虽然心里很失落，但他还是很诚恳地说："赵经理，我谢谢您。我知道我们的产品绝对适合您，只可惜我业务能力太差，没法说服您。我想我应该告辞了。不过，在向您告辞前，想请您指出我的不足，以便让我有一个改进的机会，好吗？谢谢您了！"

赵经理的态度变得友好起来，他笑着说："别急着走，哈哈，其实我已经决定要买你家的产品了。"

为什么小王前来推销会被"请"出去，而小李却能够成交？这就是一个满足客户心理需求的问题。小王只是滔滔不绝地介绍自己的产品，忽略了对客户起码的尊重和感谢；小李却始终对赵经理很恭敬很有礼貌，特别是临走时，还请求对方指教，让赵经理感受到足够的尊重，从而对小李表示了认同。

作为推销员，无论何时都必须尊重客户。在推介产品时，你也许会发现客户买不起你的产品，你或许会认为客户是在浪费你的时间，但是如果你表现出对客户的漠视，甚至羞辱客户，就是"自断生路"。

从心理学的角度分析，每个人心中都有被接纳的愿望。在这里，教给推销

员一个让客户感受到重视的方法。一般来说，当我们第一次接触或认识某位客户的时候，我们要把对客户的第一印象记录下来，比如：他当时穿着蓝色西服；他很喜欢喝普洱茶；他喜欢诗歌朗诵；等等。记录以后起什么作用呢？当我们第二次再见到这位客户的时候，或者再次与客户沟通的时候，把这些细节说出来，比如：我记得当时您穿着蓝色的西服；我知道您喜欢喝普洱茶；等等。当我们说出这些细节的时候，对方会非常惊讶和感动，因为他会觉得自己受到了别人的重视和关注。在这个基础上，再与对方谈，接下来的话题就轻松和容易多了。

做销售工作要记住，让客户感到不被尊重或没有面子，对自己是有害无益的。想和一个客户成交，不仅仅要以客户为中心去寻找客户的需求，然后满足其需求，还要让客户在整个过程中感受到被重视、被关怀。

37. 学会退让，让客户觉得是自己赢了

很多时候，在与客户沟通的过程中，推销员容易受功利心的驱使，不由自主地扮演“进攻者”的角色，为达成销售目标步步紧逼，结果反而弄巧成拙。如果推销员的态度能够缓和下来，在销售沟通中有效运用退让策略，给客户一定程度的优越感，让客户觉得是自己赢了，就容易成交。

杨洋大学毕业后开了家服装店，她很有商业眼光，进的服装款式新颖，很受年轻人的欢迎。

一天，一个女孩来她店里买衣服，挑选了一番后，女孩把目光锁定在一件长款外套上。

杨洋介绍说：“这件是前几天到的货，花色和款式都非常时尚。喜欢可以

试穿一下。这件外套和您的气质很搭，和您今天穿的这条白色裤子也很配，现在这个季节穿它正合适。”

女孩说：“嗯，是不错。什么价位？”

洋洋说：“这件 999 元。”

女孩说：“这么贵，能便宜点吗？”

洋洋说：“哈哈，这件是秋冬款，现在是秋天，初冬也完全能穿，绝不会过时的。我们这儿是很少打折的。难得您喜欢，穿着又这么合适。这样吧，我就破例一下，打个 9 折吧。”

女孩满意地说：“好啊，那谢谢了，麻烦您装起来吧！”

议价的过程就是心理博弈的过程。案例中，店主之所以会成功卖出产品，是因为她在销售中活用了定价艺术。报价的时候稍微高出卖价，然后再打折让客户感觉获利，这样商品既可以以比较合理的价格成交，又不会引起客户的反感。那么，具体来说，推销员在与客户议价的过程中，该如何把握价格的波动尺度呢？

推销员在与客户议价时，一定不要一次就把价格说死，要留有一定的降价空间。因为无论推销员的第一次报价多么吸引人，客户都希望以更低的价格购得。一旦第一次报价过低，就容易陷入被动，要么客户怕便宜没好货转身离开，要么商品被迫贱价售出。

推销员在做让步时，要掌握一定的技巧，否则就会适得其反。

某天，刘田到一家店里去买衣服，看到一件外穿衬衫，很满意，标价是 280 元。刘田问售货员：“这件上衣，200 元我就买！”那个售货员小妹一听，认为还能赚很多，眼睛眨都不眨一下回答说：“好，卖给你吧，那边去交钱。”

刘田这时感觉不好：“上当了，应该多杀点，这衣服也就值 100 元。”他就趁着去付款的时间“逃”了。

我们换个位置再思考一下，如果你是售货员小妹，客户眼睛眨都不眨一下就买下来，你也会想：“哟，真可惜，早知道我就报高点！”

在推销实践中，运用退让策略时需要注意以下几点：

（1）时机的选择宜巧不宜早

对于推销员来说，如果退让时机选择不当，你的退让会进一步抬高客户的期望值，让他们以为你的退让是无底线的，从而使推销员处于很被动的地位。

上面案例就是让步太快的表现。推销员应切记，一定要在最后关头再做出让步，不到万不得已不要轻易让步，否则客户就会得寸进尺。另外，要尽可能表现出为难的情绪，这会让客户觉得自己确实占了便宜。

（2）实在无法再让步，也要留有谈判的余地

当推销员和客户针对某一问题相持不下时，再继续下去只能是浪费时间，也很容易导致前功尽弃。推销员这时就要在言语上特别注意，要为以后的沟通留有一定的空间，不要让局面绷得太紧，使客户知难而退。

客户：“一件 90 元！我立刻付款提货。”

推销员：“原价 120 元，降到 100 元，已经不能再低了，您也不能让我赔得太多吧！如果可以的话，我就给您了，还至于耽误这么长时间吗？”

客户：“是啊，都谈这么久了，你就再让一点。你做销售的，都是公司的事情，也不差这点儿钱了。就因为这点儿钱做不成生意，那岂不是太可惜了吗？”

推销员：“的确有些可惜，但确实已经是最低价了，真的！说实话，您也在我这儿买过其他产品，我们合作一向是很愉快的。您知道我的性格，我可不想因为这点儿钱就伤了和气。”

客户："那要不然，我再到别家看看吧……"

推销员："您真的可以到其他地方打听打听，看看到哪能买到这种质量和价格的商品。如果您看完以后还是觉得我这里合适，那就再过来，没事儿，我还以这个价卖给您……"

上面案例中的推销员如果一发现没有让步余地就放弃沟通，那就相当于自断财路了。要学会在第一次沟通失败时为以后的沟通创造足够的空间，假如客户再度回转的话，就意味着决定购买了。

作为推销员，在客户面前合理退让是应该的，推销员不要把销售做死，而是要做活，要留有余地。合理退让的最终目的是让客户满意，让客户觉得是自己赢了，高高兴兴地买下商品。但是一定要记住，退让不是轻率行动，必须慎重处理。

在使用退让策略时，要表现出自己的权力有限，需要向上面请示："对不起，在我的处理权限内，我只能给您这个价格。"然后话锋一转："不过，因为您是我的老客户，我可以向经理请示一下。但我们这种优惠很难得到，我也只能尽力而为。"这样客户的期望值不会太高，即使得不到优惠，也会感到你已经尽力而为，不会怪你。

38. 仪表得体也是对客户的尊重

客户究竟接受什么样的推销员呢？让我们来听听客户是怎么说的吧："一个推销员来拜访我，他开始做产品介绍，但我老是走神。我看着他的鞋子、他的裤子，然后把目光扫过他的衬衫和领带。大部分时间我都在想，如果这位专业推销员说的都是真的，那他为什么穿得如此落魄呢？他告诉我他手中有很多订单，他有许多客户，但他的外表却显示他说的话不是真的。我最后没有购买，因为我对他的陈述没有信心。”因此，推销员的形象是销售工作中的第一块敲门砖，一定要提高在这方面的认识，坚持不懈地修饰自己的仪表。

下面是一位先生的陈述：

我下午遇上一名推销各种笔的人。他走进办公室后，就坐在我办公桌旁，开始滔滔不绝地介绍他的笔。我很注意听他精彩的讲解，对于优秀推销员的现场销售表演，爱销售的我怎么能错过呢？正听得津津有味时，不知他是因为我专注的神情而紧张，还是感觉空调温度不够低，他拿着几张纸开始扇起来，一阵阵凉风拂过，同时一股口臭也飘过来，我顿时一改对他良好谈吐的欣赏。

口腔的清洁，口气的清新，体现的是个人的文明卫生。身为随时都要与人交流沟通的推销员，更不可马虎，谁都不愿与张口就“赶人”的推销员谈生意。

在销售工作中，有太多的例子证明，由于推销员不注重仪表和服饰，不但丢掉了订单，而且严重影响了公司的形象和品牌。

一名身着皱皱巴巴的西服、一脸小心翼翼的推销员，显得有些理亏似的站在那里。

前台秘书面无表情地问：“有事吗，您？”

“我是办公用品公司的，这是我的名片，这是我们的宣传资料。您有需求可以联系我。”他一边急促地说着，一边心慌气短地在包里乱翻找名片、资料。眼光不知是躲人，还是没顾上看人。

秘书不咸不淡地说道：“谢谢。放这里吧，有需要会和您联系的。”

他还没走出楼道，前台秘书就把刚才他给的名片和资料都扔进了垃圾桶。

相信大家对这样的销售情形都不陌生。往往推销员并没有得罪客户，甚至低头哈腰的，好像很谦虚，可客户很不喜欢这样的销售，甚至到了看到就厌烦的地步。在这种情况下，推销员推销什么都毫无作用。

心理学家曾做过一个影响力的实验，安排一个衣装笔挺的人和一个穿着沾满油污的工作服的人，分别在无红灯无车时穿越马路。结果，衣着笔挺的人明显有较多的跟随者，而穿工作服的人却只有少数甚至没有跟随者。

在推销中也是如此，一个推销员的穿着打扮和身体动作是决定其外表形象的首要因素。推销人员是否能得到客户的重视和好感，仪表起着非常重要的作用。

实际上，大多数人都以第一印象来判断好坏。再好的商品，若由不重视仪表的推销员推销，商品的形象也会受到不好的影响。因此，推销员，尤其是以女性为拜访对象的推销员，如果不重视自己的仪表，首先就会失去与他人竞争的入门机会，更别提推销了。时常保持一流的装扮水准，准备一面可照到全身的镜子，出门前检查一下自己的服装和仪容，就会给你的推销活动带来意想不到的效果。

39. 下功夫记住客户的名字

不论是哪一所小学，新学期开始时，如果老师很快记住这些小孩子的名字，他们一定会很高兴。因为孩子们会想：老师真关心我们。同时，孩子们也能消除紧张继而产生信赖感。教师受到学生信赖，才能提高教学效果。不只是小孩子，每个人都想得到他人的关心。记住客户的名字，使他们感到被别人关心，这样才能更好地推销产品。

“您是前天来过的某某先生 / 太太吧！”听到店员这句话的客户通常都会

感到惊讶，甚至很感激地认为“原来他们这么重视我”。记住客户的称呼是拉拢客户最好的方法，这个道理推销员必须了解。

一位推销员急匆匆地走进一家公司，找到老总办公室，敲门后进屋。下面是他和老总间的一段对话。

“您好，张总。我叫 × ×，是 × × 公司的推销员。”

“我姓赵，不姓张！”

“哦，对不起。我没听清楚您的秘书说您姓赵还是姓张。我想向您介绍一下我们公司的彩色复印机。”

“我们现在还用不着彩色复印机，即使买了，一年也用不上几次。”

“是这样啊！不过，我们还有别的型号的复印机。这是产品介绍资料。”他将产品介绍资料放到桌上，然后掏出烟和打火机说，“您来一支？”

“我不吸烟，我讨厌烟味，而且，办公室里禁止吸烟。”

这是一次失败的销售，失败的主要原因是推销员事先没有认真了解客户的信息。

由此可见，在正式推销之前，推销员一定要了解客户各方面的情况。

姓名是一个人最看重的东西，不论是大人物还是小人物，他们总会对能记住他们名字的人产生好感。因为姓名代表一个人的自我，只有在一个人的自我受到尊重的时候，人们才会有被重视的感觉。

某位政治家从小在一个贫困的村庄长大，他 10 岁的时候到砖厂工作，养活守寡的母亲和弟弟妹妹。虽然他从未有机会受教育，然而凭着勤勉的性格，他在 46 岁以前就拿到四个大学的学位，并成为一名出色的政治家。有一位记者去访问他，问他成功的秘诀。他答：“苦干。”记者说：“不要开玩笑。”

他问记者：“您以为我成功的秘诀是什么？”记者回答说：“我知道您能叫出一万个人的名字来。”

“不，您记错了！”他说，“我能叫出五万个人的名字。”

记住别人的姓名并轻松地叫出，就已经是一种巧妙且很有效的恭维。被恭维者获得心理的满足后，不仅会经常购买你的产品和服务，还有可能会主动传播你的产品和服务，带来意想不到的社会和经济效益。

研究表明，当听到叫自己名字时，人们的内心会产生一种满足感。人们每一次听到或看到自己的名字时，就像气球被灌了一次气，被重视的感觉就占据他们的内心。在销售中，你可以一而再地使用这个“工具”，客户是永远不会厌倦的。这样做还可以削弱客户的紧张心理，并缓和彼此意见的对立；同时，也会让客户觉得你与众不同。

那么，推销员应该如何下功夫记住客户的名字，并收到良好的效果呢？

（1）多用心，有信心

聪明的人做事比不过用心的人。想用心去做好这一件事情，就要认真去对待。用心把客户的名字记在纸上，刻在心里，在日积月累中做到让客户的名字脱口而出。

（2）学会重复记忆

在与客户的交往中，要留意并尽快获得客户的名字，必要时可以有礼貌地问：“先生，请问您贵姓？”一旦知道客户的名字，马上在心里重复念三次，以便加深印象；并反复利用各种机会，称呼客人时用加姓氏的尊称，这样有助于记住对方的名字。

（3）通过记录巩固记忆

好记性不如烂笔头。要有效记住客户的名字，就必须把客户的名字及相关资料记录下来。为了更好地记住客户的名字，在提供服务过程中要专心倾听，以提高记忆的效果；要记住客户的面貌和身体特征，并且设法和他的姓名联系在一起。最后，要把客户姓名及相关资料建档案，然后将名字分类登记。经常翻看客户档案，并在日后做好跟进记录。

（4）加强联络强化记忆

将每个客户的号码及姓名都存入手机，这样一旦客户打电话过来，第一时间便能知道他们是谁，从而一下称呼出客户的名字。即使客户从来没有来过电话，也没有回过信息，自己也经常要用电话，趁机翻阅通讯录，也是加强记忆的好方法。

40. 千万别戳穿客户的假话

人性之中都有虚伪的一面。面对客户的假话，不管是善意的，还是恶意的，推销员都不要去戳穿它，自己心里知道就行了，否则就伤了客户的自尊心，结果可想而知。很多人都以能够戳穿别人的假话为荣，其实，这不过是小聪明而已，在销售工作中，这绝对是个大忌讳。

有一天，一位客户正在办理退房手续。酒店的客房服务员查房时，发现他所住的房间少了一条浴巾，便告知大堂经理。当时，大堂经理很有礼貌地请正在结账的客户和他一起走到一处不引人注意的地方，然后微笑着说：“先生，服务员在整理房间时，发现您的房间少了一条浴巾。请您回忆一下，是否有亲朋好友来过，顺便带走了？”

这位客户的表情显得有点紧张，但表示没有亲朋好友来拜访过，自己也不可能会拿那条浴巾，那太不符合他的身份了。

这时大堂经理顺着客户的话说：“您说得很有道理。有一次我们也遇到过同样的状况，但是客户后来回忆起来东西是放在床上，被毯子遮住了。能否麻烦您帮个忙，上楼去看看，浴巾可能压在哪个角落，服务员没有发现，所以忽略了。谢谢您的帮助！”

在大堂经理的请求下，这位客户提着皮箱上楼到房间去帮忙看一看，大堂经理则在大厅恭候。

几分钟之后，这位客户走了下来，他故作生气地说：“你们客房保洁员也太粗心了，浴巾明明就在沙发后面，她居然没有看到！”

大堂经理则适时上前道歉：“对不起，先生，打扰您了，再次感谢您的鼎力相助！”

当这位客户表示这只是举手之劳时，大堂经理再次笑着说：“欢迎您下次来时，再度光临我们的酒店。”

这位大堂经理的包容之心给这位客户留足了面子，使一场可能的风波消弭于无形。

每个推销员都可能遇到无理取闹的客户，他们通常会提出一些不合理的要求，而推销员很难满足他们。如果实在无法满足，可以拒绝。但是在拒绝时，要讲究一定的策略和技巧，委婉地表明自己的态度。

肖颖是国内一家休闲食品公司的推销员，她认识一个大客户，这个大客户给肖颖的销售帮过大忙。一次，这个客户要肖颖报销他与家人去日本旅游的所有费用。肖颖算了一下，这笔费用要3万元，她陷入了两难的境地。如果答应，到哪里弄这 3 万元钱；如果拒绝，很有可能失去客户。要知道这位大客户每年都帮她完成 40 万元订单。

肖颖灵机一动，想出了一个好办法。她对客户说："先生，您工作这么忙，到外面散散心也好！不过，这笔费用我需要跟公司商量一下再给您答复！"

客户爽快地答应了。回去之后，肖颖并没有贸然向高层提出客户的这个要求，而是打电话告诉客户，这样做公司会处分她。客户只得作罢。

俗语道，"打人不打脸，揭人不揭短"，我们在与客户沟通时，如果发现客户在认识上有不妥的地方，应委婉地指出。

"客户的说法永远是对的"，这句话也许有人听说过，但是未必每个推销员都能知道怎么做。诚然，客户的做法不一定都是正确的，但是客户的自尊却永远都是正确的。

41. 说出的话要拐个弯

有些推销员在与客户沟通的过程中不懂得"拐弯"，总是因为直言直语而得罪客户。

有位老大爷摆地摊卖墨镜，却没有顾客。艾丽想捧捧场："大爷，这眼镜怎么卖？"

"姑娘，那不适合你，你脸大，戴这款比较合适！"

艾丽终于知道为啥没人光顾他的生意了。

很多时候，与客户沟通时有一些话是不能直接说出来的。对于不得不说又不能直接说的话，推销员就应当拐个弯说出来，这样才不至于得罪客户。

张潇是一家儿童玩具店的推销员，平日里，她是一位非常豪爽的女孩，说话总是口无遮拦，心里想什么就说什么，朋友们都戏称她是“大炮”。做了销售工作后，张潇说话直来直去的风格依然没有变。

一天，张潇所在的儿童玩具店里来了一位中年妇人，她带着一个大概 3 岁的小朋友。

见有客户上门，张潇连忙迎上前去。她发现那个小朋友的手很脏，恰在此时，小朋友似乎看上了一个白色的毛绒小兔子，准备用手去拿。张潇连忙制止道：“小朋友，你的手太脏了，我们店里的毛绒玩具可不能乱拿啊，不然把玩具弄脏了怎么办？”

听了张潇的话，那位中年妇人正想说什么，这时张潇又说了一句：“你们还是到外面玩吧，别把玩具给弄脏、弄坏了。”

张潇这些话一出口，中年妇人虽然十分生气，但又不知道如何发作才好。正在这时，玩具店的老板走了过来，中年妇人连忙对老板说：“我们今天是招谁惹谁了？本来想给孙子买一辆遥控汽车呢，刚进店就被你们的营业员说了一顿，还赶我们出去。”

老板听了中年妇人的抱怨，连忙道歉说：“这位女士，您千万别跟我们的推销员一般见识，她刚做推销工作，不太会说话。不过，她说的话也不是没有道理的。您把孩子看好就是了。”中年妇人原本想从玩具店老板那里得到一些安慰，却没想到再次遭到伤害。中年妇人当即便带着孩子离开了。原本可以成交的一桩生意就这样被张潇与老板的直言直语赶走了。

上述案例中的推销员与老板正是因为说话太直，给原本有购买意向的客户造成了心理伤害，从而失去了一次成交的机会。其实，因为推销员说话太直而失去成交机会的事件并不少见。由此可见，推销员在与客户沟通时，有一些话

是不能直接说出来的，而应当适度地转一下弯，换一个角度讲出来。就像上述故事中的推销员，如果她不直接制止小朋友去拿白色的毛绒玩具，而是这样说：“小朋友，你是不是很喜欢这款毛绒玩具啊？来，阿姨帮你拿着，你距离它近一些看看好不好？”如果担心小朋友把易碎的玩具弄坏，她完全可以这样说：“大姐，您看这些玩具都是易碎物品，这么小的孩子玩不适合，一旦碎了很容易让小孩子受伤的。”试想，当客户听了这些话后，又怎么会不被推销员的关心打动呢？

有些不宜直说的话，适度地拐个弯表达出来并不需要多好的口才，却容易让客户理解和接受。

“这件衣服拿给我试一下。”

“对不起小姐，您穿不了。”

“有最大号吗？”

“我说的就是最大号！”

这位推销员看见顾客身材太胖就直接说了实话，结果自然是顾客很生气。其实推销员可以委婉一点：下次有适合您的衣服再通知您。实话实说，有时候会让对方十分难堪，也容易发生争吵。

某女士进了一家女鞋专卖店，挑选了一款鞋，店员引领她坐下来试鞋，并不厌其烦地替女士找合适的尺码。由于这位女士的两只脚掌尺码不一样大，所以试的鞋总是有一只脚不合适。

于是店员说：“看来我一时找不到适合您的鞋，您的一只脚比另一只脚大。”

女士听完很生气，站起来就要走。这时，鞋店经理听到两人的对话，赶紧请女士留步并致歉。经理再次请女士坐下来试鞋，没过多久，就让女士买下一双鞋，满意地离去。

女士走后，那店员问经理："您用什么办法让她不生气而且还买了鞋呢？"经理解释说："我只对她说，她的一只脚比另一只脚小。"

只是一个字的差异，结果完全不同。其实，推销员在与客户的沟通中要充分尊重对方，尤其当客户自身有缺陷或不足的时候，更不能直言相告，否则会让客户反感。

在上述案例中，经理虽然也把真相告诉了那位女士，但由于考虑到了她的真实感受，而且沟通时充分讲究技巧，并带有尊重的意味，从而能够获得对方的认可。鞋店经理能够从女士的角度去看问题，所以她的沟通获得了成功。

在做客户开发的工作时，推销员必须讲究一定的说话技巧，切不可想到什么就说什么，口无遮拦地说出一些冒犯客户的话。否则，一旦让客户伤了自尊，再想说服客户就难了。有时候，某些话说出来会对客户产生伤害，倒不如采用一语双关的办法。要知道，每一位客户都是精明的，在聪明人面前无须多言。真正聪明的推销员，他们最常用的沟通技巧就是委婉表达，用"话中话"的方式达到说服的目的。

42. 减少与客户无谓的争辩

作为一个推销员，要时时刻刻明白这样一个道理：你的收入来源于客户，你的工资是客户给的，而不是老板发的。因此，抱着服务于客户需求的信念去尊重每一位客户，是每一个推销员必须做的，也是应该做的。

一位推销高手就很明白尊重客户的重要性，因为在这方面他吃过亏，也得到过很多教训。他说："多次推销失败使我明白了这样一个道理，当面指责客户是件多么愚蠢的事！你可以一逞口舌之快，但是客户的自尊被你伤害了，他们放弃与你的合作，你什么东西都卖不出去，推销的意义何在呢？"

有一家保险公司为每个员工立下了一条铁的纪律："真正的推销精神不是争论，而是据理力争。"也就是说，在推销中可以据理力争，但是要避免与客户发生无谓的争辩。无谓的争辩不但会影响到客户的情绪，而且还会影响到自己以及公司的声誉。

小杨是某装修公司的一名推销员，她去拜访客户李先生，开门的是李先生的太太，然而，她的态度并不友好。

小杨："您是李先生的太太吧？"

李太太："是的，您是？"

小杨："您好，我是装修公司的小杨，听说你们想重新装修房子？"

李太太："你怎么知道？"

小杨："是这样的，李先生昨天去我们公司详细咨询过这件事。"

李太太："是吗？不过我最不喜欢你们这些推销员了，总是想方设法骗客户的钱。我告诉你，我们这些平民百姓的钱也不是那么好赚的。"

小杨听了这句话，心里难免产生一股怒气，知道这是一个不好应付的客户。但是她抑制住了自己的情绪，微笑着对客户说："太太，您是不是对我们公司不满意呢？"

李太太："当然不满意了。几年前我们装修的时候，就有一个小伙子乱报价，而且质量也不是很好。这次你们要是再欺骗我，我会用法律手段来解决的。"

小杨："您说的这种情况的确存在，我也非常痛恨这种人，他们影响了我们整个行业的声誉。您能说出来，对我也是非常有利的。"

李太太："这样吧，我是对事不对人，我想再打听一下你们的信誉。"

小杨表示理解。一周后，李太太认为这家公司的声誉还不错，于是把装修的活儿全部交给了小杨。

在任何情况下，推销员都不应与客户发生争执。无论争执的结果如何，对于推销员都是不划算的。因为如果你输了，将会失去这笔生意；如果你赢了，客户被驳斥得很没面子，他们还愿意与你做生意吗？所以说，无论输赢都没有必要进行这场“战争”。

与客户争辩，失败的永远是推销员。销售界有一句话说得好：“占争论的便宜越多，吃销售的亏越大。”

如果与客户有发生争执的可能，可以采取以下三种方式来应对：

（1）顺其自然

不争论，不抢话，让客户把心中的抱怨说出来，我们只需要做一个安静的倾听者。然后，针对这些抱怨，为其提供一个切实可行的解决方案即可。这样既能安抚客户的心，又能推销产品，何乐而不为呢？

（2）曲意迎合

当我们无法用语言转移矛盾时，最好曲意迎合，满足客户的虚荣心和发泄欲，以此来赢得客户的好感。

千万不要试图改变客户的想法。当客户提出异议和不满时，我们首先要做的是支持和认同，条件允许的话，可以委婉地解释一下，但不要当时就反对。

此外，为了避免与客户争执，还可以运用心理学中的坐向效应：不要和客户相对而坐，可以侧向而坐或横排而坐，这些坐向可以有效减少对立情绪。

总之，推销员要时刻牢记：拜访客户的目的永远是为了成交，不是图嘴上一时痛快。当然，不与客户争辩不等于毫无原则地退让，可以温和地探讨、研究，“以不争为争”才是至高境界。

第六讲

拿捏有度，推销地雷不要踩

推销中步入雷区而不自知，是推销失败的主要原因之一。所谓推销雷区，没有标准答案，你只要想想，别人向你推销产品的时候，对方的哪些言语、行为令你厌烦，这些语言和行为就是雷区。比如搞错客户的职务，这看起来是一件小事，却可能影响整个交易。再比如不够耐心和细致，耐心是客户非常重视的，急躁的心态只会把客户吓跑，或是让客户产生抵触情绪。此外，还有很多商场潜规则属于不公平竞争，甚至违法，我们要能保证守住自己的底线，把自己的事情做好。

43. 千万注重自己的名声

名声是什么？它是一块招牌。有好名声的人，他们的名字含金量高，大家都乐意跟他们合作，省了沟通、磨合的成本。比如，一个人注意加强个人修养，非常讲信用，而且为人谦和，容易相处，那么这个人商业成功的机会就更大。

推销员如果在做人方面得到了别人的认同，有了一个好名声，就容易得到众人的追捧，从而在事业上有所建树。

马俊是当地小有名气的代理商，他为人热忱，善于沟通，所以业务越做越大，许多人都慕名而来与他合作。

有一次，一位广告商前来洽谈生意。马俊想得十分周到，派服务员在地下电梯门口等待，把这个人接到了楼上。

恰好那天下雨，广告商被雨水淋湿了，马俊看到这种情形，连忙帮着他脱下外衣，并亲手挂在旁边的衣架上，根本没有老板的做派。

无论对待生意上的合作伙伴，还是身边的员工，马俊都平易近人，为人处世让各方都满意。他在生意上因此取得了更大的成就，事业蒸蒸日上。马俊的成功心得是，要照顾对方的利益，这样人家才愿与你合作，并希望以后继续合作。

马俊的事业为什么蒸蒸日上，显然与他会做人做事有很大的关系。如果客户提到你的名字总是跷起大拇指，你想不赢单也难。

一般而言，人们喜欢你，才会买你的产品。你的个人魅力发挥得越好，你的销售业绩就会越出色。推销员必须有一个好名声，获得并保持好名声的唯一方法就是为人诚实而正直。几乎在每一个成功的销售案例中，客户都是因为相信你才相信你卖的产品。客户希望你是一个热心的人、一个真诚的人、一个直爽的人、一个值得信赖的人。客户希望你告诉他们该产品的优势，而不是说竞争对手的坏话。当你说服客户购买产品时，对双方越有利，买卖就越可能谈成。更重要的是，双方会带着对这次交易满意的心情离去。

说到底，销售是与人打交道、赢得信任的工作。而你的好名声会使你在建立关系的过程中事半功倍。那么，建立和维系好名声，需要从哪里入手呢？

（1）“您”字挂嘴边

“您”是日常敬语。敬语的使用不仅能体现一个人的身份和修养，也能体现一个人的态度和精神面貌。总是把“您”挂在嘴上的推销态度，应作为一个推销员的基本素养。

在推销活动中通常要用这样一句话：“我们公司为您……”这是推销产品的基本技巧。有些人虽然明知这是推销员的口头语，却能感受到对方的尊重和关怀，因而心情愉快。有位卖戒指的老推销员，他一看到老顾客上门就说：“您来得真巧，刚好有最适合您的样式。”随即拿出一只大小适当的戒指，套在顾客手指上。如果使顾客产生了“这是为我准备的戒指”的感觉，推销成功的概率就大大增加了。

（2）坚持双赢原则，不玩“零和游戏”

推销员在每次出门拜访客户之前都应当想清楚，如果今天你与客户把生意谈成了，那么这份合同会给公司（也包括自己）与客户带来什么样的好处；如果你还没有想好这个问题，那就应当退回去，先在自己的办公桌前把这个问题想清楚。否则，你的拜访就有可能是在做无用功。要想与客户保持长期的合作关系，就必须坚持双赢原则，而不是玩“零和游戏”。

如果你的合同不能为客户带来实际利益，你也从不考虑这个问题，那么，即使这份合同签了，也不会有下一份了。因此，在你出门见客户之前，你应该想好这次合作会给对方带来什么真正有价值的东西。一名优秀的推销员应该始终如一地关照自己的客户，不让任何一个客户轻易地流失，这样，在客户升职或改做其他管理工作后，还能保证对公司和产品的忠诚度。

（3）学会让利

做到利益一致，既是一种胸怀，也是一种商业策略。做事之前先给客户利益上的激励，客户才会同意成交，而自己的利益也就尽在其中了。试想一下，在一项业务合作中，假设利益分配比应为1:1，但如果一方只拿40%，而愿意把利润的60%都让给对方呢？这样在短期内或许吃亏，但从长远看呢？答案不言自明，让利可以赢得长期合作，长期合作的收益远远比一次合作的收益要高得多。有着良好的信誉，在行业中有几家关系稳定的合作伙伴，是事业立于不败之地的重要保障。对推销员来说，懂得让利，才能赢得合作，让生意长长久久。

经商盈利有“道”，有规律可循，然而“德”是“道”的化身——懂得如何做人，具备了做人的品德，令人信服，才能成大事。我们常说“做人要厚道”，意思就是不能违背“诚实”“豁达”“感恩”“直率”“助人”等品质，成为可信赖、值得倚重的人。

44. 用语切忌随意

推销员用语切忌随意，比如：对客户说谎；夸夸其谈，胡乱承诺；对客户进行言语攻击；等等。有的推销员看一眼客户就下结论：“这家伙一看就知道没有钱。”于是对客户说：“不买的话请不要乱动。”这种做法也是很不恰当的。

我们在日常工作中接待客人，不管他们是否要买东西，都要把他们当作你的客户。客户买有买的道理，不买有不买的道理。就算现在没有买，不一定将来就不会买；就算他们买不起，不一定他们周围的朋友买不起。

席文娟是一名 4S 店汽车推销员。一天，一位穿着旧外套的客户走进店门。看着他身上的破旧外套，席文娟想：“这人怎么还穿这种旧衣服？”

看到客户开的面包车比较破旧，席文娟说：“您这破车三天两头就得修理，修理费够买一辆新车了……”当客户表示不想立刻购买新车时，席文娟说：“您的面包车太破了，开这样的破车很容易出车祸的！”

尽管席文娟的话听起来像在开玩笑，但是这样的话大部分客户通常都无法接受。换一种说法效果可能会更好，比如：“您的车还可以再用几年，换了新车太可惜了。不过，这辆车已经行驶了 15 万千米，即使您开车的技术很不错，也难免有安全隐患。”

在与客户交流的过程中，任何有攻击性、欺骗性，或夸大其词的语言都是销售的天敌，它会深深地伤害到客户的自尊心和自信心，致使你的销售无法有效地进行下去。

现实中有很多对音乐一窍不通的人购买钢琴充门面、从不翻书的人购买很多书放在书房里装风雅，也有开奔驰的人却穿着布鞋，骑自行车的人家里却住着别墅。所以我们在工作中，不要随便地给客户下结论，应该认真地听客户的问话，了解他们的需求。

一位年轻女士来到服装店，仔细观看着挂在衣架上的几款“秋伊”牌风衣。

稍后，她从衣架上取下一款带红心图案的深蓝色风衣，端详了一会儿，对导购员说："请问这件多少钱？""880 元。"导购员回答。"好，我要了！"那位女士把衣服放在服务台上，边掏钱边对导购员说。

为客人包衣服的时候，导购员恭维了一句："小姐真有眼光，很多人都选了这种款式的。"那位年轻女士听了以后，沉吟片刻，然后微笑着说："抱歉，我不要啦！"

这是一个典型的推销员说话随意的案例。如果导购员能够细心观察，就会发现年轻女士是位看重品位和个性的消费者。她的关注点不是多数消费者关注的价格，而是"人无我有"的独特产品。同时这位消费者也很有主见，属于感性的消费者，喜欢凭自己的感觉与判断来做出决定，不愿意接受大家都喜欢的"大路货"。这名导购员就是因为说话随意，导致交易的失败。

那么，推销员该如何避免使用过度随意的语言呢？这需要做到以下两点：

（1）一视同仁

不管客户的身份如何特殊、地位如何高，都保持平等的心态。

不管是哪种文化素养、社会职业的客户，都能够平静温和，以尊重的心与他们说话。

即使面对位高权重的大人物，也能够不卑不亢地与之交流。

（2）点到即止

高手做事只做七分，留三分余地，说话也是一样。

一方面，要长话短说，让对方有余力消化，这是对别人的尊重。另一方面，不要把话说满。世事无绝对，所有的事都是发展变化的，留三分余地是更认真负责的做法。

45. 签约之后不要马上离开

好不容易签订了销售合约，客户与推销员都松了一口气。这时候，推销员往往认为已经大功告成，于是想尽早回公司，或者向领导报喜，或者庆祝一番。

如果只是说一些应酬的话，敷衍了事，然后立刻就走，可能会让客户产生不安："我刚签完字，你马上就要走，也太没礼貌了。"

推销员如果想让客户 100% 地满意，签订合约之后的谈话是非常重要的：不只是为了使客人满意，还是为将来的继续合作创造条件。

有些推销员却认为签单后应快些离开，免得客户改主意。而实际上，推销员如果急欲先走，客户可能就会产生怀疑，以为推销员一定隐瞒了什么。

拿到订单之后，推销员没有必要匆忙离去。可以多待一会儿，与客户聊聊相关话题，比如："如果您发现产品有什么不满意的地方，请您立刻和我联络，我会很快地来为您服务。"

这种话可以使客户打消疑虑，放松心情。或者说："以后如果您还需要这方面的产品，请您和我联络，这里一定比其他厂家服务得更周到。"这是为日后铺路的最好话题。

签字后如何给客户留下一个良好的印象？需要注意以下几点：

（1）对客户表示感谢，但要适可而止

缺乏经验的推销员由于紧张，加上签单成功的喜悦，往往不知所措：谢天谢地！洽谈总算结束了，合同总算签好了！于是，不由自主地对客户流露出感谢之情，并且倾向于用连珠炮式的语言把压抑的情感发泄出来。在此请牢记，客户跟你达成合作意向是正常的商业交易，并不是对你的恩赐。如果你得到订单后的反应夸张，对方可能会看不起你，也可能会对此次合作产生怀疑。所以，请务必掌控好情绪，做到不卑不亢。

（2）不可表现出优越感

合作协议是双方在平等互利的基础上签订的，并不是说你把客户“拿下了”。如果表现出优越感，肯定会遭到客户的厌恶。

（3）根据客户意愿决定去留

合作协议签订后还有一个问题：你是应当立刻离去，还是应当再待一会儿呢？这要看对方想不想让你留下。但是，不论对方留你与否，有一点绝对没错：头一个站起来告辞的应当是推销员。如果对方先站起来与你握手，并把你送到门口，那就说明你待的时间太久，不受欢迎了。

46. 不宜吹嘘

在日常生活中，推销员这一群体往往给人们这样一些印象：虚伪、见高就拜、见低就踩、“见人说人话，见鬼说鬼话”、爱吹牛、爱忽悠……

某个推销员对客户说，他在省城有好几套房子，车子也有两部。客户笑了，说：“您这么有钱，出差到这里不住五星级酒店，还长期住小旅馆，多委屈您啊！”推销员只好说是为了考察小旅馆，又说：“走，我请您吃饭去。”客户故意激他说：“好啊，去某某五星级酒店吃吧。”这名推销员吓得脸色大变，说：“酒店有什么好吃的，还是街边的小餐馆好吃。”看，一顿饭就露出真面目了。

在客户开发过程中，很多推销员为了尽快说服客户，往往会过度吹嘘自己或者自己所推销的产品，将自己或者自己推销的产品夸得无可挑剔，将所有的缺陷与不足统统掩盖起来。殊不知，过度吹嘘会让客户产生过高的期望，结果往往是客户的期望值得不到满足，进而对推销员或者产品失望。这样一来，不仅会影响公司形象和推销员的个人形象，而且会严重影响日后的销售工作。

宋茜是一位保暖内衣推销员。眼看寒冬将至，公司派宋茜到一个大型商场进行现场推销。

在商场，宋茜发现很多内衣品牌都在吹嘘内衣的保暖性能及其他性能，很多客户在听了内衣的“特异功能”后，不惜花上几百甚至上千块钱，购买一件原本十分普通的保暖内衣。

看到这些，宋茜想想自己一年来的销售业绩平平，就觉得来气。她的头脑中有了一个想法。一对老年夫妇走到宋茜的柜台前，似乎要挑选保暖内衣。于是，宋茜非常热情地走上前去问：“老人家，您二位是想买保暖内衣吗？”

老年夫妇异口同声地回答道：“是呀。”宋茜说道：“您二老今天来我这里算是来对了！您看，我们这款内衣最适合老年人了，这款衣服用的是最新科技纳米技术，不仅保暖，还可以帮助老年人增强免疫力呢！”

“什么是纳米技术啊？”老太太不解地问道。

“纳米内衣采用的是无缝技术，一道工序完成编织，所以大大减少了开缝的隐患。该技术从珍稀天然矿石中提取原料，加工到纳米级别，与丙纶混溶喷丝而成，这样的内衣不仅可以预防感冒、静脉曲张等十多种疾病，还可以促进人体新陈代谢。”

“有这么好吗？那找两套适合我们夫妻俩穿的吧。”老太太说道。

宋茜以400块钱每套的价格卖给了老年夫妇两套保暖内衣。原本宋茜推销的保暖内衣只是普普通通的保暖内衣，并不像她说的那样用了纳米技术。不过，宋茜经过这件事情之后，尝到了吹捧保暖内衣性能的甜头，便继续用这种方法推销。当然很多人在听了她的介绍之后，并不相信保暖内衣真的如她所说。但是，依然有一些人，尤其是老年人，特别相信她所说的话，因此上了当。

一天，正当宋茜在柜台向客户吹嘘保暖内衣的性能时，一位怒气冲冲的客户走了过来，手中还提着一套保暖内衣。这位客户大声嚷道："你这个骗子，竟然说这套保暖内衣是纳米技术的，我儿子一看，就告诉我上当了。当时我还不相信，后来到相关部门问了一下，才知道自己真的上当了。你这是在欺骗消费者！"接着，那位气愤不已的客户将宋茜投诉了。

47. 第一次报价不宜太低

有经验的推销员都知道，客户对于价格是很敏感的。事实上，只要提及与钱有关的问题，客户的心理就会变得敏感起来。商品适合的情况下，价格是否适中是客户重点考虑的问题。所以，推销员在处理报价问题时，不仅要懂得价值和价格之间的关系，还要设法了解客户对商品和价格的心理反应，最终的目的是要让客户从心里得出这样的结论——推销员所说的价格是合理的，这次购买是划算的。

曾可可在社区底商开了一家电器商店，前来购物的大多是住在周围的街坊邻居。

这天，他迎来了一个熟客。看到对方是住在自己楼上的邻居，曾可可非常热情地打招呼："吃饭了吗？想看什么电器？"

"唉，别提了，家里饭做到一半，电饭煲烧了。这不，赶紧到你这里买个锅救急。你也知道，我家四口人，你给推荐一个品牌。"

得知客户需求后，曾可可立刻推荐了一款标价 210 元的某品牌 4L 容量电饭煲，客户看了商品后也很满意。谈到价格时，曾可可说："咱们都是邻居，我这人卖东西比较实在，一口价 200 元，不能再少了，这东西本来也赚不了多少钱。”

“你都说了是邻居，就给便宜 10 块钱啊？再便宜点。”客户商议道。

“真不能便宜了。这在商场都是原价卖的！”曾可可坚持道。

尽管客户不情愿，但因为急用，还是付了款。不过，客户走的时候似乎并不愉快，此后再也没在曾可可店里买过东西，而且经常背地里和邻居们说：“曾可可卖东西真不地道，熟人都不给优惠，这就是‘杀熟’啊！”有了这样一个“喇叭”，曾可可在周边的经营口碑可想而知。

其实，有时客户在乎的不是你的价格是不是最低，而是你有没有在最初的报价上做出相应的让步。如果在初次报价基础上没有丝毫退让，那么即使你第一次报价很低，对方也不会领情，反而会心生厌恶。

因此，推销员在第一次报价时一定要留有余地，然后在议价过程中适当做出一两次让步，这样才能让客户买得高兴。

心理学研究表明：人们多次拒绝同一个人后会产生愧疚心理，生出不忍拒绝之感。经过几次议价，客户拒绝几次后，如果推销员忽然提出一个合理报价，这时拒绝起来就会非常困难，甚至根本无从拒绝。换句话说，拒绝过对方后，人们往往会变得更为宽容。在实际销售中，推销员要善于运用这一心理学原理，当客户拒绝过我们两次甚至更多次，再也不好意思拒绝时，再报出最适当的价格，这样一来成交率会比一开始就摊牌的做法要高出许多。遗憾的是，很多销售新手不懂得报价要留有余地的技巧，一上来就直接报出底价。这种直肠子的行为看似对客户很坦白，似乎能赢得客户的信赖，实则不然。

在实际推销中，该如何报价呢？

（1）对价格进行分解

定价是一门学问。比如价格定为 199 元，给人的感觉是“不到 200 元”；如果定为 201 元，给人的感觉是“多于 200 元”。两个价格虽然相差只有 2 元，但给人的感觉是如此不同。这是有心理学依据的。人们一般对某种商品的价格预期有一个心理临界值，这个临界值只能是一个具体的数字，比如“200”。

推销员没有定价权，只能按照公司的定价来售卖商品。在这种情况下，客户嫌贵怎么办？答案是对价格进行分解，让客户感觉物有所值。

所谓价格分解，是指将商品的总金额按照使用频率、使用次数等进行细分。

张欢自己开了一家厨具专卖店，她最擅长给顾客算价格账。这天，张欢接待了一位同龄人，得知对方想买电压力锅，她非常热情地给对方介绍了一款双喜牌电压力锅。顾客对这款电压力锅非常满意，可张欢一报价，顾客颇感意外，忍不住问道：“239 元！怎么这么贵？还有没有便宜的？”

“便宜的也有，不过家里用的话还是这种划算。这款压力锅虽然贵一点，但能用五六年，算下来每个月不到 4 块。也有百十块的，寿命短，算下来花的钱差不多。既然钱差不多，为什么不选个又好看功能又多的呢？”

顾客一听觉得挺有道理，自己算了算，果然均摊到每个月差不了几块钱，所以很快就接受了张欢的建议。

在实际销售中，如果遇到嫌贵的顾客，我们不妨采用这种变大为小、化整为零的价格分解法来说服客户成交。

（2）佯装意外的心理战术

当人们听到令人吃惊的消息，或者见到令人诧异的事时，通常会表现出非常意外的样子。从心理学的角度来讲，这是一种正常的情绪反应和映射，但如

果将这一现象应用到销售领域，则会对买卖双方的沟通和谈判产生重大的影响。遗憾的是，大多数推销员并没有意识到佯装意外的重要性。

申涛是一家大型钢材厂的推销员。这天，他前去拜访一家有意向采购钢材制品的建筑公司。

双方见面后，很快就确定了钢材制品的种类、订购数量等。可是，一谈到价格问题，谈判就陷入了僵局。客户皱着眉头问道：“你们家的钢材怎么这么贵啊？我们以前也采购过一批钢材，种类、型号和数量基本上和这次差不多，可这次总价竟然高出十几万，您的报价水分也太大了吧。”

作为一名资深销售人员，申涛对这种场面早已见怪不怪。听完客户的抱怨后，他佯装惊讶地问道：“天哪，看来这个预算有非常严重的问题。您刚才说以前采购的钢材便宜，那是什么时候的事情？”

客户见申涛如此惊讶，虽然表面上没说什么，心里却悄悄打鼓：是不是钢材突然涨价了？还是财务总监为了压缩开支，胡乱缩减采购材料的预算？……短暂思考了几秒钟后，客户回答道：“我记得好像是两年前。”

“那就难怪了，两年前钢材市场低迷，当时价格确实比现在低。不过，现在可没有那样的价格了，人力成本、厂房租金都在上涨，成本增加了，售价自然水涨船高。您可以四处打听打听，我的报价在同行里算是比较便宜的了。喏，这是最近几年钢材市场价格变动统计表，请您过目。”

经过几次协商、沟通，申涛最终拿下了这个订单。在这个过程中，申涛佯装意外的策略非常奏效。如果他没有装出一副意外的样子，客户必定会认为申涛狮子大张口，报价虚高，从而选择其他供应商。

值得注意的是，在使用佯装意外的心理战术时，一定不要太做作，要让你的震惊和意外看起来自然一些，这样对方才会相信。

48. 不急不躁，控制自己的情绪

对推销员来说，有些客户实在是让人生气，真想冲着这些“不知好歹”的客户大发脾气，然而职业道德和销售任务又不允许。带着情绪，甚至与客户直接争吵都不是明智之举。当你进行言语反攻时，客户早已感受到你的不友好，所以即使客户嘴上表示认同，内心却依然排斥。那么什么样的推销员才能扮演好自己的角色，做好自己的工作？唯一的答案就是脾气好的推销员。

2018 年底，刘家良的超市销售了一些烟花。对面一个卖水果的店主在他家买了烟花鞭炮，除夕夜晚放得很好，不巧的是 2019 年初一早上，烟花却没有响。客户很窝火，傍晚时将烟花端到刘家良的超市，不高兴地说：“什么破烟花，坏了我的财气，要赔偿损失啊！”刘家良立马微笑着说：“对不起，大哥息怒。这烟花没响那也是意外啊！您别生气，我不是故意的。”说着就随手递给他 100 元钱。正是由于刘家良及时赔笑，同时采用了妥善的补救措施，避免了一场争吵。这样悄然无声的处理，对双方都没有消极影响。刘家良如若不是用微笑化解矛盾，而是和对方争吵，说不定还会出现其他更恶劣的情况。

“好脾气”可以创造出更好的业绩，这是许多从事销售工作人员的经验。所谓“好脾气”，就是指与客户洽谈时能够适当地控制自己的情绪，不急不躁，自始至终以一种平和的语气与客户交谈，即使遭受客户的羞辱也能报之以微笑。这种工作态度往往能够打动客户，从而改变其固有的想法，最终达成交易。

反之，坏脾气的推销员最终只能失去自己的客户，所以应警惕坏脾气的影响。销售新人必须调整好自己的心理状态，做到处变不惊，时刻冷静地面对一切。

高明慧是某品牌空调的终端推销员，刚入行的时候，她也和同行们一样，只要一遇到那些喜欢“挑刺”的客户就会头疼不已，一时气急甚至有想打人的冲动。

挨到难缠的客户离去，高明慧便会气急败坏地咒骂他们。然而高明慧很快便发现，其他客户在听到自己的咒骂后，往往会沉默着离开。显然，必须改变这种状况。

一天，高明慧又遇到了一位喜欢“挑刺”的客户。当这位中年男子朝着柜台走来，高明慧赶紧迎上去。交谈了几句，对方就很不友好地说：“你们的空调没有 × × 好，我朋友就买了你们的品牌，结果还没用多久，就有毛病了。”

听到这里，高明慧心中自然不爽，不觉默默地想：“那你干脆去买 × × 好了。”紧接着，高明慧被自己这种想法吓了一跳，幸亏没把这话说出口，否则别说成交没希望，还很可能遭到客户的投诉。

转念一想，其实客户能走过来，说明他对公司的产品是有兴趣的，说这些刁难的话，很有可能是在试探自己。既然这样，那又何必在乎客户的恶言恶语呢？毕竟订单成交才是工作的重中之重。

于是，高明慧渐渐放下了对客户的不满情绪，微笑着说：“您朋友的空调出现了问题，我们深感抱歉。这是我们的售后服务电话，麻烦转交给您的朋友，打完电话后工作人员会在 24 小时内解决问题。”说着，她递给客户一张售后服务卡。“如果您的朋友比较着急，可以把住址告诉我，我马上打电话，让维修员上门维修。”

客户接过售后服务卡，脸色缓和了许多，毕竟高明慧的态度自始至终都很和善，他也没有理由一直板着脸。

高明慧很敏锐地捕捉到了客户脸上的变化，于是便自然而然地转到了产品介绍上。最后，经过一番交涉，她顺利拿下了这笔订单。

在销售过程中，遇到各种难缠的客户再正常不过了。对推销员来说，总觉

得难缠的客户是在进行刁难。可是换位思考一下就会发现，这其实是客户对产品的询问、试探、考察。以平常心对待，才有在销售过程中获胜的可能。要想搞定这些“刺头”客户，必须有强大的内心作为支撑，多想着怎么应对，控制自己的情绪，少去抱怨。

刘小利第一次拜访客户，对方说现在没时间，让刘小利等着。可是三个小时过去了，对方还是没时间，于是刘小利问客户：“您究竟有没有时间？”没想到对方却大声喊道：“您没看见我正忙吗？”刘小利忍无可忍，讥讽道：“您以为您是国家总统吗？笑话！”可想而知，客户下了逐客令，刘小利的首次拜访也宣告失败了。

有句话说得好：“通往成功的捷径是把耳朵借给别人，而不是把嘴巴借给别人。”控制脾气最为关键的一点是冷静，无论客户轻视冷漠，还是无理苛求，作为一名推销员，千万不要发脾气，否则有害无益，极有可能导致交易失败。从事推销工作，不可能一路坦途，切记不要遇到一点儿挫折就不耐烦。

要想做一个成功的推销员，需要避免以下两点：

（1）乱发脾气

做销售工作，被拒绝如家常便饭，不应乱发脾气，而应时刻保持一颗冷静的心。有些销售新人在愤怒情绪的支配下，往往不顾别人的尊严，报以尖酸刻薄的言辞，使对方受到伤害。实际上，这样做虽然能使心中的怨气得以发泄，但到头来吃亏的还是自己。

（2）自恋情结

坏脾气的人通常会为自己找借口：“我这人就是脾气急了一点，但是心肠比较好，为人正直，是个性情中人。”这样的人通常有自恋情结，而且会把自己在某一环境下的坏脾气变成习惯，不经意间便发作，这样一来坏脾气就成了不良性格。

其实在生活当中，无论是顶级的推销员，还是销售新人，谁都会有发怒的时候。但是在销售过程中，一定要做到少发怒和不随便发怒。要想制怒，必须标本兼治。要想治本，就需要加强个人修养，包括提高文化素养和道德情操，拓宽心量，不为区区小事计较。

49. 妥善处理与客户的摩擦

推销员每天都要接触他人，在人际关系中难免发生“磕磕碰碰”。小摩擦处理得好，可以“化干戈为玉帛”；处理不当，也可能酿成大麻烦。因此，许多人这样评价好发脾气者：“脾气来了，福气走了。”这话虽然不中听，但事实的确如此，给人以深刻的启迪。

有很多推销员就是这样，自身有很多缺点，如不专业、感觉迟钝、口是心非等，但只要客户有一点异议，就表现得不耐烦，不是批评这位客户的头发太长，就是埋怨那位客户古板。在这些推销员心目中，绝大多数客户都不是有希望成交的客户。殊不知，这样只会适得其反，正是这样的心态毁了自己，客户被驳倒了，订单也丢了。

而推销员处理摩擦的功夫好坏，决定了是否能够与客户融洽相处，并得到客户的赏识。与客户发生摩擦的时候，首要的一点是懂得宽容。推销员要宽容客户，对其有责任感。客户是利润的源头，因此双方有了矛盾时推销员不可以发火，需要为对方着想，积极妥善地处理好和客户之间的关系。

一位在网吧玩了一个通宵的小伙子，在一家超市买了一包烟。他抽了一支感觉味道不对，怀疑是假烟，要求退货。店主一见，急忙先向他说了一句：“对不起，给您添麻烦了！我一直从烟草公司进烟，应该没有假烟。”于是店主把引起顾客感觉烟味不纯正的因素一一说明：烟味不对，大概是心情、情绪低落以及身体因素引起的。一问才知道，原来小伙子打了一夜游戏，竟然一局未赢，心里很郁闷。经过店主一番解释，小伙子没有多说什么就离开了，一场争执就此化解。

当与客户产生摩擦时，推销员应该保持理智。无论自己有理无理，都要注意防止发生正面冲突。如果是因为自己工作存在失误、服务不周，影响了客户情绪的话，那么一定要放下面子，及时主动地向客户道歉，以换取他们的谅解。退一步说，即使客户有错，推销员也要大大方方地予以体谅，认真倾听客户的诉求，并针对客户诉求解决问题。

具体来说，怎样才能妥善处理和客户的摩擦呢？这就要求我们学会替对方着想。具体来说，要做到以下几点：

（1）使用符合客户语言习惯的表达方式

大多数矛盾和摩擦都是由沟通不畅引起的。接触客户的过程中，推销员要掌握客户的表达习惯，了解他们的潜在需求，避免交流中发生误解。

（2）了解客户的业务及目标

只有更好地了解客户的业务，才能使产品更好地满足其需要。这将有助于推销员设计出真正满足客户需要的销售策略。

（3）充分尊重客户的意见

如果推销员与客户之间不能相互理解，那么推销员就要主动退让，在尊重客户意见的基础上选择合适的对策，在双方之间建立合作的基础。

（4）对争议提出建议和解决方案

面对争议，推销员必须努力提出一种切实可行的方案。为此，首先要了解客户真正的业务需求，同时还应找出当前服务的不当之处。

50. 交谈时肢体语言的禁忌

推销员在与客户交谈时，常常会用到两种沟通方式：声音语言和肢体语言。很多推销员会认为声音语言是主要的表达方式，其实不然，声音语言只占交流的一小半，肢体语言运用的正确与否也影响着交流的成败。

推销员有必要注意自己的肢体动作，尤其是在与客户进行交谈的过程中。要确保自己的肢体语言表达得当，否则，很容易使自己陷入尴尬的境地。比如，在与客户交谈时，两人的距离至少要保持在半米，尽量不要表现出懒散和精神不佳的状态，要时刻保持精力充沛。

陆洋所在的企业主要生产水平仪，这是建筑和装修企业必备的仪器。因此，陆洋的主要客户就是全国各地的建筑公司和装修公司。

经过多方打听，陆洋了解到某建筑企业想要大量订购水平仪，他就想办法找到了这家企业的采购部经理。对方告诉陆洋，已经有三个水平仪企业来拜访过他。陆洋知道自己的竞争对手肯定不少，因此，在与采购部经理的交谈中，便注意自己的一言一行。

陆洋在与对方交谈时，双手递上了关于自己企业及产品的介绍资料。在对方翻看的时候，陆洋没有说话，而是希望客户能够详细地看完资料。这位采购部经理对水平仪的质量有一些质疑，陆洋便耐心地讲解。对方表达自己看法和想法时，陆洋认真地聆听对方说话，目光注视着对方，并且不时地点头回应。

在商谈了半个小时后，对方答应考虑后给予答复，陆洋便起身主动与对方握手，并微笑着与对方告别。走出办公室后，陆洋随手将办公室的门带上。

这一系列举动都被客户看在眼里。采购部经理与技术部门进行商谈后，决定与陆洋所在的企业合作。

可见，是陆洋的一举一动帮助陆洋击败了竞争对手。而陆洋的这些细小的动作，往往是被很多推销员忽视的。

在与客户进行交往的过程中，有的客户是非常细心的，他们很看重推销员本身的素质和举动。因此，作为推销员应该时刻注意自己的肢体语言，杜绝不当的肢体语言出现。

某大型广告公司的员工刘辉很有能力，既懂得广告策划，又懂得经营管理，是公司重点培养的对象。可是，他却因为自己习惯性的小动作而被辞退了。

其实，刘辉不仅工作能力突出，外在形象也非常出众，但他有个非常不雅的小动作，就是他无论做什么，总要将一根手指头放在嘴里，在公司也是如此。有几个人好意提醒过他，但他从不在意，觉得自己的专业能力才是最重要的，与其将时间花在改变这个习惯上，还不如把广告方案做得更好。

公司新上任的副总是一个很注重个人外在形象的人，他不好直接说刘辉，就多次开会强调员工要注意个人形象和企业形象的关系。但刘辉根本没想到是在提醒自己，就没往心里去，依然我行我素。

有一次，刘辉陪副总一起去某单位洽谈广告方案相关事宜。副总事先就提醒刘辉要注意个人形象，没想到刘辉在洽谈过程中，仍将手指放在嘴里。副总觉得非常尴尬，后来就把刘辉辞退了。

像刘辉这样，在社交中毫无顾忌地咬手指，当然会让人心里不舒服，尤其是在其他单位的人面前，更是让自己公司的人觉得丢脸，因为在社交场合做出这种小动作，是非常不尊重别人的表现。

那么，推销员在运用肢体语言的时候，应该避免哪些呢？

（1）搔头皮

有些头皮屑多的人，在社交场合也忍耐不住皮屑瘙痒的刺激，而搔起头皮来。搔头皮必然使头皮屑随风纷飞，这不仅难看，而且令旁人十分反感。

（2）双腿抖动

这种小动作多发生在坐着的时候，站立时较为少见。这种小动作虽然无伤大雅，但由于双腿颤动不停，会令对方的视线觉得不舒服，而且也给人以情绪不安定的感觉，这也是失礼的。同样，让翘起的腿钟摆似的打秋千也是相当难看的。

（3）放肆的声音与姿态

在与客户交往中，很可能会遇到十分激动或者是高兴的事情，此时，笑声一定不要过于夸张，更不要因为一时的开心，而使身体东倒西歪，否则很容易让客户感到你不稳重。

（4）在客户面前随意走动

即便是在公众场合，在与客户交谈的过程中，也不要随意走动，否则会让客户认为你不耐烦了，客户很可能会选择终止交谈。

这些不利自己又妨碍他人的行为举止，除令人望而生厌外，还直接影响客户对你的观感，进而影响交易的成功。

第七讲 诚信为本，赢得客户的信任

根据美国纽约销售联谊会统计：70% 的人之所以从他人那里购买产品，是因为他们喜欢、信任和尊敬对方。因此，要使交易成功，诚信不但是最好的策略，而且是唯一的策略。

如果把销售比作一场博弈，那么真诚就是第一张底牌，也是最后一张底牌。当有了诚信，得到的就不仅是一次订单，而是源源不断的生意。诚信不仅是生意的游戏规则，也是得人心的底牌。拥有了诚信，就会拥有“人心市场”。没有任何一个消费者会愿意与不讲诚信的推销员再次交易，而聪明的推销员也都会奉行和坚守诚信理念。

51. 说老实话，办老实事

美国营销专家赫克金有一句名言：“要当一名好的销售人员，首先要做一个好人。”这就是赫克金所强调的营销中的诚信法则。

在推销过程中，如果失去了信用，也许一笔大买卖就会泡汤。

一个冬天的上午，一名年轻人来到陈伟龙的商店要了五条香烟和两箱饮料，看似要去办什么事。由于顾客较多，陈伟龙也很匆忙，在找钱时，他竟少找了人家 40 元钱，等陈伟龙追出去时，人家已经开车走了。直到晚上关门，陈伟龙还在想这件事情。最后还是陈伟龙的妻子提醒了他，让他回忆一下那个年轻人的穿着打扮、说话口音等，说不定根据这些线索可以找到人。这个年轻人看上去有三十出头，说话较快，像是南方人。由于上了年纪，陈伟龙担心自己记不住，就赶紧找来笔，把想起的这些记录了下来，希望有一天能再碰到这个年轻人，好把钱退给人家。

过了一周，这个年轻人终于来了，还是那身打扮。年轻人一进门，陈伟龙一眼就认了出来。当把上次的事情和这个年轻人说明，并把 40 元钱退还给他。年轻人十分感动，他告诉陈伟龙，他在城里包了一个大工程，手下有六个小公司，全部都在这附近，有几百个工人呢！年轻人临走时，要了陈伟龙的电话号码，并诚恳地表示，一定要把他公司的职员全部介绍到陈伟龙这儿，公司日常的招待用烟和酒也要全定在陈伟龙这儿。

正是陈伟龙还钱的这一举动，让这个年轻人认为陈伟龙是个讲诚信的人，也就愿意和他建立业务关系了。

因此做推销必须诚实，诚实就是说老实话，办老实事，做老实人，童叟无欺。诚实是赢得客户信赖的最好方法，可以说诚实是推销员的第一品牌。有很多推销员并不善言辞，做得多说得少，与客户的“关系”也不太密切，更不喜欢应酬，头脑似乎不太“灵活”，但他们的业绩很好，这其中的奥秘就是客户喜欢他们身上的“诚实”，在心里尊重他们。对于客户来说，他们所看重的是推销员能否真正满足他们的需求，而不是听多少漂亮话。优秀的推销员都懂得客户的真正需求是什么，所以，他们永远是诚实的，不屑于玩弄“推销技巧”。

推销员应当诚实，在推销过程中应实事求是地向客户介绍自己的产品，不夸大其词，更不欺骗客户。坚持实事求是的原则，不欺骗客户，并不意味着在与客户沟通的过程中可以不注意方法。比如，你是推销洗衣机的，你的洗衣机耗电量大，当客户问你耗电指标时，你应当如实地告诉对方，同时也应马上向对方说明，你的洗衣机功率强劲，并且非常省水，在综合性能上是不错的。如果只是简单地告诉客户耗电量大，那对方肯定不买你的产品。

有些推销员急功近利，总是想先把产品推销出去，回公司拿了提成再说。所以，他们总是希望自己的客户都是傻瓜，对客户要些小聪明，玩些小花招，自己尽量多占点便宜。由于信息的不对称因素，客户有时的确容易上当受骗，但这种情况毕竟是少见的。一旦你的把戏被识破，你将前功尽弃，甚至偷鸡不成蚀把米。可以说，把客户当成傻瓜的推销员才是傻瓜。

诚实守信，是所有推销学上最有效、最高明、最实际也是最长久的方法。一个人可能在所有的时间欺骗某些人，也可能在某些时间欺骗所有的人，但不可能在所有的时间欺骗所有的人。在一个信息传播日益迅速的市场环境下，推销员的小手段、小聪明是很容易被看破的，即便偶尔取得成功，这种成功也是相当短暂的。要想赢得客户，诚信才是永久的、实在的办法。

52. 向客户推销你的诚实

推销员在与客户打交道的过程中，个人品质会使客户产生不同程度的心理反应，这种反应潜在地影响了销售。优秀的产品只有在一个优秀的推销员手中才能赢得市场的长久青睐。

因此，你在向客户推销你的人品时，最主要的就是向他们推销你的诚实。诚实是赢得客户好感的最佳方法。客户总希望自己的购买决策是正确的，也总是希望从交易中得到一些好处，害怕蒙受损失。所以客户一旦觉察到推销员在说谎或是故弄玄虚时，他们会出于对自身利益的保护，本能地对交易产生戒心。

王先生去一家服装店买衣服，本来相中了一件衣服，可是说话发嗲的女推销员一口一个“帅哥”地叫着，称穿上这款衣服如何帅，着实热情过度。王先生认为，顾客在商场购物，需要什么自然会买，这种虚情假意，实在让人吃不消。他后来去了另外一家店买衣服，这家店的服务员同样面带微笑，但只站在自家的柜台处，有顾客来就说声“欢迎光临，请到里面看看”，不会对顾客纠缠不放，让王先生心里舒坦多了。

从某种意义上说，推销员最应该推销的是自己。推销员应该努力提高自身的修养，把自己最好的一面展现给客户，让客户对你产生好感，喜欢你、接受你、信任你。当你成功地把自己推销给了客户，接下来的工作就会顺利得多。

孙刚是新入行的防盗门窗销售员。头一天上班，老板就交给他一个重要任务——让他向一个很有钱的客户推销防盗门。在此之前已经有好几位有经验的推销员去过，但都没能成功。

孙刚想自己刚入行，没经验，当他来到客户家门口时，手都发抖。他摁了门铃，一位中年女士打开门，听他结巴地自我介绍完，就请他进了屋。

孙刚和她谈了半个多小时，虽然很紧张，但那位女士却当场签了单，买下了价值 4 万元的防盗门。

其实在这之前，这位女士已经打发走 6 位防盗门推销员，而且他们开的价都比孙刚低。但是她为什么偏偏选择孙刚呢？原因很简单，那位女士说："这小伙子敦厚，我放心。"

在那半个多小时的时间里，孙刚凭着他的谦恭、礼貌、真诚和可爱赢得了那位女士的信任，并最终谈好了生意。他没有口若悬河地夸夸其谈，没有和客户谈折扣，没有用花言巧语来忽悠客户，也没有表现得低三下四、唯唯诺诺，或者趾高气扬、目中无人，仅仅靠自己正直的人格，换取了客户的喜欢和信任。

给客户留下良好的第一印象是孙刚成功的关键。假如你能够被客户喜欢，那么你就成功了一半。

推销员要做到诚实，就要注意：

首先，在介绍产品的时候，一定要实事求是。好就是好，不好就是不好，万万不能夸大其词，或只宣传好的一面。

其次，在自己没有能力确保兑现许诺之前，千万不能信口开河。

对于自己的生意底细，只有推销员最明白；而对于生意的前途，则需要客户的支持。如果推销员不在意自己的客户，不愿意以诚相待，那么客户也不会在意你的生意，更不用说支持你了。

一个推销员如果认为可以瞒住客户，那么眼光就未免太狭隘了。精明的推销员必定懂得诚信在生意中的重要性，更明白诚信在客户心目中的重要位置。

客户不仅有权知道真相，而且他们内心有迫切了解真相的需求。以诚相待则是满足客户这种心理需求的唯一方法，也是赢得客户支持的重要手段。

53. 告诉客户事实真相

某种产品存在缺陷是很正常的，如果刻意掩饰，结果只能是欲盖弥彰，失去客户的信任。其实，产品有点小缺陷无伤大雅，完全没有必要遮遮掩掩，聪明的推销员会化劣势为优势，将缺点当卖点来说服客户。

有位推销员通过多年的努力，最终建立了自己的公司，从一个普通推销员转变成了领导者。凭着自己多年打拼的经历，他制定了一套公司制度，其中第一条就是：任何职员都不得误导顾客，不可隐瞒商品可能存在的缺陷。这一条例被很多推销员嘲笑，认为他这是“搬起石头砸自己的脚”。然而，令人意想不到的是，他的生意一直非常红火。

有一天，他去商场询问本公司某款新商品的情况。一位推销员告诉他：“这种商品设计得不太好，某些方面还相当差。”然而，正当推销员拿着样品向他描述商品的缺陷时，有一位顾客走了过来。推销员对自己的老板抱歉一笑，转身招呼顾客去了。

顾客问：“这里有质量不错的新东西给我看吗？”那名推销员马上说：“正好，先生，我们刚刚生产出一款新产品。”他一边说一边把那个有问题的样品递给顾客。推销员的描述非常美妙，对这种产品赞不绝口。经过不长时间的商谈，顾客准备订购一大批。

就在这时，一直默默旁观的老板插话了：“先生，先不要急于订货，希望你再好好检查一下。”然后，他转身对那个推销员说：“年轻人，你是一位很有口才的人，但是这里不适合你。请你去财务处结算工资，从现在开始，你不再是本公司的员工了。”推销员纳闷地问：“请问我哪里出错了？”老板严肃地说：“你告诉我这种产品有很多缺陷，但是对顾客没有丝毫提及，我很失望。”一旁的顾客听后很诧异，问明原委后大为赞叹，当即决定订立合作意向书。

商品有小缺陷并不可怕，也没必要为此遮掩，有时候商品的小缺陷反倒会成为赢得客户信任的关键。高明的推销员绝不会长篇大论地先夸一通所推销的商品，而是先提一两点缺点。

有个人厨房的台盆下水口坏了，为了买到合适的配件，他跑了好多家商场，结果都没有找到相匹配的货。有些商场倒是有一样的整件台盆，但不零卖其中的配件。正当他深感失望之时，忽然想起小区边上一家不起眼的五金小店。于是，他决定去看看。

他来到小店，把自己的烦恼全盘托出。老板听后微微一笑，转身拿出两个不同质地的配件向他介绍，一个是不锈钢材料，另一个是普通塑料材料。由于质地、材料不同，价格相差比较悬殊，不锈钢的要 20 元，而普通的只需要 8 元。老板告诉他：两个配件都不怕冷热水，如果注意使用方法，寿命都差不多。最后，老板推荐他买一个普通配件即可，并提醒他如果配件尺寸有误差或安装有问题，可以前来调换。

那个人很疑惑，问老板：“请问你为什么不向我推荐贵的那个配件呢？这样可以赚得更多，不是吗？”

老板听后，淡然一笑说：“人都要有良心，做生意要诚实，能帮顾客节约就帮顾客节约。”那个人听后高兴地说：“我看你不是生意人。”老板奇怪地问：“我不是生意人，那我是什么？”那人说：“一位朋友。”两人相视而笑，感受到彼此的真诚。

金无足赤，人无完人，不论什么样的产品都会有缺点。有的推销员对自己的产品夸夸其谈，大肆渲染；有的推销员拿别的同类产品进行比较，拿别家产品的缺点大加贬损；也有的推销员故意暴露自己产品的某些缺点，把客户的眼睛引向这些微不足道的方面。这种主动暴露缺点的推销技术，常常会获得成功。

一味地隐藏自己产品的缺陷而不告诉客户事实的真相，到头来吃亏的还是说谎的人。客户需要真相，推销员不单单要把产品的优势展示给客户看，更重要的是把产品的瑕疵说给客户听，让客户权衡利弊，然后做出选择。有时候一些聪明的客户发现了产品的不足，此时，如果推销员顾左右而言他，不给客户合理的解释，客户对推销员的信任度便会直线下降，交易也无法继续进行。

当然，把自己产品的缺点告诉客户并不是进行简单的罗列，简单的罗列有时候会直接把客户吓跑。推销员告诉客户产品缺点的目的是获得客户的信任，让客户对自己抱有好感。因此，在正视自己产品的缺点时，推销员要讲究一些技巧。

推销人员在袒露产品缺点的时候，需要注意以下几方面的问题：

首先，对于产品一些无关紧要的缺点可以详细地说明一下，因为这些无关紧要的缺点通常客户也可以发现，如果你率先“交代”了，客户会认为你是一个很诚实的人，因而会对你产生一个良好的印象。

其次，说话过程中一定要表现得相当诚恳和自信，这样你的客户才会接受，不会觉得你做作。

最后，对于客户发现的问题给予合理的解释，不要妄图掩饰，否则只能越描越黑。

有句话说得好，“群众的眼睛是雪亮的”。其实客户亦是如此。对待客户，推销员如果以一种相对真实的态度面对，告诉客户产品的一些真实问题，相信很多客户会因此而与你签单。

54. 守时，千万不要失约

守时对于每个人来说都很重要。虽然你是推销员，但在日常生活中，你有时也是一位客户。当为你服务的人员爽约，或者无视约定时间，你是否也会恼怒呢？同理，记住不要随便浪费别人的时间。

守时是建立可信度的第一步。你遵守时间和承诺，客户就会对你建立起信心。反之，客户将对你产生厌恶心理，并且殃及你的产品和公司。严谨的时间观念，已经成为推销员越来越重要的素质之一。

许多人在销售的时候，总是不太注意拜访的时间，没有一点计划性，结果不但不尽如人意，反而惹人家讨厌。

刘沛去一家公司拜访，没有和对方约定具体的时间，只说是下午过去。午后一点钟，刘沛到了那家公司，发现大家刚吃过午餐都在休息，有的趴在桌子上午睡，有的在沙发上半卧。老总看见刘沛，只是挥挥手，意思是让刘沛在外边坐一会儿。刘沛没有办法，只好在大门外的长凳上等。老总午睡之后，大概是早把和刘沛的约见忘到九霄云外了，还问他是干吗来了。刘沛赶紧表明自己的身份，说明来意。可这位老总还是一脸迷迷糊糊的样子，谈了不到10分钟，就把刘沛打发走了。

其实，推销员如何拜访客户，大有讲究。拜访客户时，最好能够选择不妨碍客户工作的时间。所以，拜访客户前最好能够预约，让客户来决定什么时间和你见面，这样就不会显得唐突。如果客户没有和你约定具体几点，就要自己选择一个比较适宜的时间。一般来讲，在刚上班的时段不宜拜访，因为这个时候客户需要布置一下当天的工作，你贸然前去，只会影响人家，自然也会影响到拜访效果。而上午 11 点以后，由于午餐时间将至，效果也不是太好，除非你想请对方吃饭。此外，应尽量避免在快要下班的时候去拜访，大家都着急走，哪有心思和你谈正经事？

一般来讲，上午 10 点到 11 点，下午 2 点到 4 点，这些时间比较适合前去拜访。因为这时候工作基本安排就绪，有的老总闲得无聊，巴不得来个人陪他聊聊天。这时你去拜访他们，可以和他们多聊一会儿，相信会起到很好的效果。

还要注意的是，如果和对方约定了时间，就一定不要失约。现在大家的时间都很紧张，每天做什么事情，都有一定的安排，你的失约会影响对方之后的工作。如果实在是因为一些不可避免的因素，不可能按照预定的时间和客户会面，一定要在第一时间通知对方，获得对方的谅解。

有位成功的推销员，每次登门推销总是随身带着闹钟。交谈一开始，他便说：“打扰您 10 分钟。”然后调好闹钟，时间一到，闹钟自动发出声响，他便起身告辞：“对不起，10 分钟到了，我该告辞了。”如果双方商谈顺利，对方会建议继续谈下去，他便说：“那好，我再打扰您 10 分钟。”于是再把闹钟调成 10 分钟后响铃。

大部分客户第一次听到闹钟的声音，很是惊讶，他便和气地解释：“对不起，是闹钟声，我说好只打扰您 10 分钟的，现在时间到了。”客户对此的反应因人而异，绝大部分人说：“嗯，你这个人真守信。”也有人会说：“咳，你这人真死脑筋，再谈会儿吧！”

这是用小小的信用来赢得客户的信任，因为你开始答应会谈 10 分钟，时间一到便告辞，就表示你百分之百地信守诺言。

对销售的成功来讲，守时究竟占有多大的分量？在销售中，不守时带来的次要危害，也肯定会是客户对这位推销员的评价下降，起码不会对这位推销员留下什么好印象。这时候如果出现了一位更具专业意识的竞争者，那位并没留下好印象的推销员就有可能被取代。而不守时的主要危害在于，推销员用自己的行动证明了自己不可信任。

如何才能做到守时呢？

首先，在拜访客户时随身带一本工作日志，以便随时把和客户约定的事情记录下来。还要养成每天下班前查看日志的习惯，并按工作进度在日志上补充内容。第二天上班后的第一件事就是打开日志，以便提醒自己按所记内容展开一天的工作。

其次，谈话要尽快进入正题，清晰明了地表达此行的目的，不要讲无关的闲话。说完后要让对方发表意见，认真倾听，不要打断、辩解。

最后，如果碰到特殊情况（如堵车或另有重要事情）无法按时赴约，必须在约会时间到达之前打电话通知客户。如果需要更改约见时间，越是重要的约见，通知客户的时间越要提前、方式越要正式。如果对方晚到，可以利用这段时间整理一下资料、文件，注意不要影响到其他人工作。如果等待时间过久，可向有关人员询问是否有必要重新约定时间，但一定不要面露不耐烦的神色。

作为推销员，决不要因为客户并不要求我们守时，或客户也并不守时，就放弃守时。要记住，客户不守时不等于客户喜欢和自己一样不守时的推销员。引导客户守时，使客户最终接受你的有效的工作风格的唯一方式，就是我们永远都如约守时。

守时，是一个推销员起码的工作准则，也可以说是推销员的一种美德，因为这是你建立起自己信誉的第一步。

55. 用热情和真心感染客户

在推销时，客户有时会找出很多借口拒绝购买，虽说有的客户也许拒绝得比较委婉，但是内心的想法却是很坚决的。因此推销员一定要看准对象，在说服客户时要适时适度，不要死缠烂打，要用自己的真心去吸引和感动客户。正所谓盛情难却，当推销员用热情和真心去感染客户的时候，客户就会被打动。

有位推销员卖的产品是立式饮水机。这一天，他拜访一家儿童礼品店，希望能说服店主买一台饮水机。一开始，这位推销员向店主介绍饮水机说明书：外壳采用 ABS 塑料材质，304 不锈钢热胆，耐腐蚀，耐高温，抗氧化，还有防烫童锁保护，保护儿童安全，防止儿童误碰导致烫伤，正好适合这类面向儿童的商店。然后，他又提到价钱，强调自己的产品物美价廉，才 138 元。

但是店老板完全不感兴趣，眼看着就要说出：“谢谢，以后再说吧！”

这时候推销员眼睛一瞄，发现这家店铺中有一台旧饮水机在店面后方，而店门口则放着一个钢丝床，上面全是一些看起来不吸引人的廉价玩具。

推销员说：“假如是我，我会把饮水机放在店门口。这样一来，顾客可以很清楚地看见这里有一台饮水机，带孩子来购物时，可能会喝杯水，顺便上门看一看。”

老板说：“我并不想再花一笔钱买新的饮水机了！”

“我并不是要您买新的饮水机，只是建议您重新摆放原来的饮水机，说不定会有更好的效果。”这名推销员解释道。

商店老板接受了推销员的建议，发现效果不错。没多久，他考虑换一台新的饮水机，就联系了这位推销员。

这位推销员之所以最后能够扭转局势，为自己争取到订单，是因为他以“如

何让这家儿童礼品商店的生意更好”为话题，而这正是店老板最感兴趣的。

当推销员在向客户介绍和推荐商品的时候，有一些客户会拒绝得比较含蓄，会找一系列的借口。而这样的客户其实内心大都有购买的欲望，只要推销员适当地激发和感染，就会将其争取过来。

客户之所以会找出各种各样的借口，很大程度上是对产品的质量、性能或者价格等方面有不满意的地方，而自己又不好意思说，因此才会不断地找借口，希望推销员做出让步。如果这时推销员主动地询问客户是不是因为价格太高或者款式不合适而犹豫，并站在客户的角度给出一些合理的建议，只要态度真诚，客户还是会乐意接受的。

一位女士到商店去买皮靴，推销员刘蔓给她介绍了好几个款式，结果那位女士不是觉得款式不新，就是嫌质量不好，又或者是觉得颜色不合适。刘蔓忙活了半天，也没有为客户找到一双合适的。但是刘蔓没有抱怨，而是很真诚地向女士道歉说：“真是不好意思，浪费了您这么多的时间，也没有为您找到一双合适的皮靴，真是很抱歉。”

听到这样的话，那位女士反而觉得过意不去，对刘蔓说：“没关系，我再转转，或许可以找到一双合适的。”其实这位女士是看好了一双靴子的，只是觉得价格太贵，不好意思说，才一直犹豫。于是女士又一次转到那双靴子的面前，拿起来端详。

刘蔓见状，赶紧过去对她说：“这款皮靴是今年上市的新货，属于休闲类的。它的跟比较低，即使走路多也不会觉得累，而且还可以防滑，很适合现在这个季节穿。穿起来也很时尚，喜欢的话您可以试一下。”

女士又开始犹豫了，她说：“不用了，我先看一下，不过相对来说，这双靴子我还是比较喜欢的。”

刘蔓说：“没关系，您试一下吧，不合适可以再找别的，而且这款靴子只剩下几双了，我们可以给您打8折。”

那位女士终于决定试一试，结果试过以后感觉很好，只是仍然觉得价格有点贵，所以就一直在挑靴子的毛病。她发现一只靴子的内侧皮子接口处有瑕疵，而刘蔓则解释说这是一种制作工艺，不属于质量问题，二人僵持不下。这样下去，这笔生意可能就做不成了。

于是刘蔓就对女士说：“姐啊，我知道您也是真心喜欢这双靴子，虽然您认为这一块有瑕疵，但绝对不属于质量问题。我们的鞋质量是绝对可以保证的，在价格上已经是最低的了。买到一双自己喜欢的鞋不容易，您看这样吧，这个号码的靴子只剩这一双了，原价898元，打完8折以后是718元，我现在去找经理说一下，看能不能把零头去掉，以700元的价格卖给您。您看怎么样？”

女士点点头。刘蔓说：“那您稍等片刻，我去找经理说说，但是我不能保证一定可以说服经理降价，我只能尽力而为。”不一会儿，刘蔓高兴地回来了，她向女士做了一个“OK”的手势，说：“成功了，恭喜您，终于买到了喜欢的靴子。”

这时，那位女士已经被刘蔓的真诚感动，对刘蔓连连道谢，并保证下次还来刘蔓这里购物。

刘蔓用自己的真诚感动了女士，虽然颇费周折，但最终实现了交易。可以想象，如果刘蔓没有足够的耐心和真诚，对客户的挑剔和借口不理不睬，那么这笔交易肯定是做不成的。作为推销员，面对客户的借口，一定要洞悉其内心真正的想法，用合适的方式促成销售的实现。

56. 别在意客户的责难，嫌货才是买货人

有时候客户会以提出反对意见的形式来表达他们的成交意向，比如对产品的性能提出质疑，对产品的售后服务不满意，等等。实际上，此类喜欢抱怨的客户往往已经产生了购买意向，抱怨背后的真实意图是希望你能主动降低产品价格。推销员应该及时捕捉客户的购买信息，通过积极的处理方式使客户满意，并最终达成交易。

顾客："这菠萝这么烂，还卖5元1斤吗？ 4元1斤，卖不卖？"

水果摊小贩："先生，我1斤卖您4元，对刚买过的人怎么交代呢？"

顾客："可是，你的菠萝这么烂。"

水果摊小贩："如果是很新鲜的，一斤要卖8元。"

在卖货过程中，不管顾客的态度如何，小贩依然面带微笑，而且笑得很亲切。顾客虽然嫌东嫌西，最后还是以5元1斤的价格买了两个菠萝。等那位顾客走后，水果摊小贩自言自语地说："嫌货的才是真正的买货人啊。"

"嫌货的才是买货人"，意思就是说，只有那些会嫌货品不好的人才是会买货的人。如果做推销员的你比不上水果摊小贩，平常有人批评两句，你就生一肚子气，更不用说微笑面对了，那你就要调整心态。别人的批评大致可以分为善意的提醒和恶意的攻击两种。首先要对自己有信心，其次不要急着反击，认真倾听别人说得到底有没有道理。

李女士家里的电视机坏了，急需换一台。她来到电器商城，相中了一款电视机，75英寸超大屏，4K超高清，蓝牙语音遥控，价格4299元。为了压低电视机的价格，她开始挑毛病。

“这电视外表是有点儿小瑕疵。姐，您看，这只是运输过程中的一点污痕，回去擦一擦就好了。”推销员说。

“什么？”李女士说，“这明明就是划痕嘛，你给打点折吧！”随即又问：“这种牌子的电视一共有几种颜色？”

“目前只有这一种黑色。电视嘛，太花哨不是很好，是不是？”

“银色和我客厅的颜色非常搭配，黑色好像不太协调。颜色不合适，价格还那么高，如果不降低价格，我就先去其他商场看看，那边肯定会有银色的。”

在销售中，不乏这样吹毛求疵的客户，这个时候考验的就是推销员对客户心理的把握。推销员要能一眼看出客户的真实想法，直指问题实质，只有这样才能尽快消除梗阻，实现销售。绝大多数推销员都不喜欢对商品吹毛求疵的客户，认为他们是“鸡蛋里挑骨头”。其实，这种认识非常片面。从心理学的角度来讲，只有客户有购买意向时，才会关注商品的好坏。

客户在选择一种产品时，一般会注意三点：一是优良的品质，二是良好的售后服务，三是最低的价格。但在现实中，同时拥有这三项条件是不太可能的，就好比豪华汽车不可能卖低端汽车的价格一样。所以推销员可以这样询问客户：“现在如果选择产品的话，您愿意牺牲哪一项呢？愿意牺牲产品优良的品质，还是良好的售后服务呢？所以，有时候我们多投资一点，能得到自己真正想要的东西还是蛮值得的。您说是吗？”

可见，推销员要用心体悟客户的话语，敏锐把握客户的心理，从客户的抱怨中听出弦外之音。如果客户在抱怨中暗示要求降价，推销员可通过以下方法应对：

（1）比较法

与同类产品进行比较。例如：市场上 ×× 牌 ×× 价，这个产品比 ×× 牌便宜多了，质量还比 ×× 牌的好。

与同价值的其他产品进行比较。例如：××价现在可以买甲、乙、丙、丁等几样东西，而这种产品是您目前最需要的，现在买一点儿都不贵。

（2）拆散法

将产品的几个组成部件拆开来，一部分一部分地解说，若每一部分都不贵，合起来就更加便宜了。

（3）平均法

将产品价格分摊到每月、每周、每天，尤其对一些高档消费品的销售，这种方法最有效。如，买一般服装只能穿多少天，而买名牌服装可以穿很多天，平均到每一天，买贵的名牌显然更划算。

另外，面对抱怨的客户的降价暗示，推销员应对时要注意：

首先，价格永远不是最终决定因素，但绝对要扣紧客户的心，用良好的服务和态度让客户接受。

其次，要降价也只能降一次，但一定要把握好火候，要根据客户的心理去判断他们可能会接受的价格空间。降价的幅度和第一次报价的偏差不宜过大，否则会引起客户猜疑。

57. 真诚对待顾客的陪伴者

人是群体动物，无论做什么事都喜欢结伴而行，购物也不例外。女孩子逛街喜欢成群结队，人们在购买一些重要的、昂贵的产品时也会一家人出动。由于每个人的个性特征、兴趣爱好等都有很大的差异，所以在购物时总会有不同的意见。我们的顾客可能因为某个人的不同意见而放弃购买，当然也会因其他人的意见而决定购买。

导购员：小姐您真有眼光，这款皮包是我们品牌经典的款式之一，现在很多女性都非常喜欢这样的款式。而且每一个皮包都有质量合格标签，您大可放心。您再看看这包的设计，高贵优雅，您要是喜欢就来一个吧。

顾客：嗯，看起来是不错，好像还蛮适合我的。

顾客陪同者：别那么着急，我们再看看吧！（我觉得一点都不适合你。不要买这种款式的包，看起来显得与你不搭配。）

最终，这位顾客没有买。

在卖场中，陪伴购物的情况并不少见。顾客身边陪伴的人越多，产品卖出去的难度就越大。许多导购员经常见到顾客对产品很满意，但陪伴者一句话就让销售终止的现象。其实，顾客身边的人既可以成为导购员成功销售的敌人，也可以成为成功销售的帮手，关键看导购员如何利用顾客身边的陪伴者。

陪同人也许不具有购买决定权，却具有很强的购买否决权，对顾客影响非常大。所以顾客一进店，首先要判断谁是第一陪同人，并且对陪同人与顾客要一视同仁地热情对待，不要将陪同人晾在一边。导购员可以通过目光的转移，让陪同人感受到尊重与重视，或者适当征询陪同人的看法与建议，同时赞美陪同人。这都能很好地让陪同人感受到你的关心、尊重与重视。一旦导购员在前期处理好与陪同人的关系，就为销售后期避免陪同人的消极影响打下了基础。

有时候陪同人可能会为朋友推荐产品。顾客对产品很满意的时候，我们就可以这样说："您的朋友对您真是了解，她给您推荐的这个产品非常时尚有个性。"这句话会给顾客压力，因为顾客不大好意思直接说产品难看，或多或少要给朋友一个面子，何况顾客本身也很喜欢这个款式。

如果是顾客自己选的产品，顾客表现得很喜欢，此时导购员可以对陪同人说：“您的朋友很喜欢这个款式。”因为这个款式顾客确实喜欢，加上导购员前期与陪同人的关系处理得也不错，此时陪同人直接说款式难看的概率就会降低。因为这样等于是说顾客没有眼光和欣赏水平，会让顾客很没面子。

还有一种情况是，购买者虽然是产品需求者，但是并不一定拥有最终的决策权，很有可能身边的陪同者才是真正的决策人。就好比小孩子来购买衣服，孩子考虑的只是自己穿着漂亮，但是家长会考虑面料是否结实，穿起来是否舒适，等等。所以在介绍产品前，导购员要想办法弄清楚谁才是购买决策者，以决定接下来的推销策略。

推销员在接待结伴购物的顾客时不仅要让有购买欲望的顾客购买产品，还要让不感兴趣的同伴认同产品。如果顾客的同伴对产品也有需求，那么我们还可以激发他们的购买欲望。

（1）巧妙赞美顾客同伴

顾客的同伴其实是导购员的好帮手，但是并非每个导购员都能用好这个资源。想要让陪同者与自己站在一边，最直接简单的办法就是赞美。

（2）判断同伴与顾客的关系

顾客的同伴对顾客的影响程度是由同伴与顾客的关系决定的，关系越亲密，影响越多。例如，母亲陪同孩子购物，孩子受到的影响就会比由同学陪伴时受到的影响大。不同类别的陪同者在顾客购物时扮演的角色也不相同，所以在向顾客介绍产品时，要尽早了解顾客的同伴与顾客之间的关系，以便我们选择适当的角度和方式与顾客及其同伴谈话。

（3）判断谁有决定权

导购员需要根据顾客的说话内容，判断出谁具有决定权，然后对有决定权的人进行说服。有些导购员因为无法判断谁具有购买决定权，漫无目的地进行推销，而将有决定权的人冷落，即使劝说工作做得再彻底，也不可能达到预期的效果。

第八讲

服务到位，让客户身心舒泰

服务不是一杯茶或一个问候，而是体现在推销过程中每一个环节。在产品同质化日益严重的今天，服务作为推销的一部分已经成为众厂家和商家争夺消费者的重要手段，良好的服务是下一次销售前最好的促销，是提升消费者满意度和忠诚度的主要方式。

服务应该以“质”为重，而不是仅仅以“量”取胜，这就要求推销员在售后服务中多用心，同时这也是服务业发展的必然趋势。站在服务的角度，不需要推销员做到极致，只需要比竞争对手做得好那么一点就可以了；站在人性的角度，所有的消费者都是被那与众不同的一点打动的。

58. 为客户提供优质的服务

在现代的企业文化中，有一条不成文的规则，就是："不与客户争对错！"在服务中，没有不对的客户，只有做不到位的服务，满足客户要求是服务的职责所在。对于客户提出的要求，推销员只有达到了客户的标准，才能完成交易，服务才是成功的。

江可是某酒店的一名实习生，刚开始，她被分配到客房部做客房清洁工作。江可工作上进，每天都能认真地做好房间清扫工作，赢得不少客人的好评。这天，酒店里住进一名年轻女士，每次当江可完成工作后，这名女士都要仔细检查一遍，只要角落里有一点灰尘，她就会把江可叫来劈头盖脸地一通骂，然后叫江可返工。

江可想，客人也不是天天住在这里，自己能忍就忍。可是，这名女士在这里住了一个月，依然没有要走的意思。江可每天都去收拾，直到自己满意为止，常常累得大汗淋漓，可是那女士像故意刁难她似的，经常让她返工。

最后，江可实在忍受不了了，她不愿意再为这样一位刁蛮的女士服务。江可对领班大姐说："我再也不去打扫了，谁愿意去谁去。"

听了江可的抱怨，领班语重心长地说："请记住，咱们是服务行业！不管客人说什么或做什么，我们都要做好工作，并且有礼貌地为客人服务。"

江可听后，仔细想了一个晚上，想通了，于是主动询问了客人需要她重点清洁的位置。原来这位女士不喜欢角落里有灰尘。找到原因的江可，每天打扫时重点清扫角落，而那位女士也再没有叫江可返工，最后走的时候，还夸奖江可工作用心，给她封了 200 元的小费。

在推销中，服务客户必须遵循两个宗旨：

第一，客户永远是对的；

第二，即使客户有错误，请参看第一条。

这句话强调的就是一种无条件为客户服务的思想，其含义是要提供优质的服务，确保客户满意。

在服务中，如果碰到客户的投诉或抱怨，最重要的就是避免与客户陷入争论，而是要站在客户的角度，认同他们的观点，并提供让他们满意的服务。对于推销员来说，退一步海阔天空，适当地多为对方考虑可以更好地完成服务工作。

与其埋怨客户，不如多一些宽容和理解，迁就客户的个性或习惯。一旦客户觉察到你的这种包容和体贴，将会在内心深处认同你。

对于推销员来讲，第一次销售成功只是同客户“亲密接触”的开始，只是推销员与客户多次交易的序幕。只有在第一次销售之后提供优质的售后服务，并采取各种合适的方式与客户保持联络，才能有效地将新客户变为老客户，真正做到“人财两得”。

常海在卖出电脑后会经常和客户联系，询问他们是否还有其他的需求，比如是否需要更换零件，是否需要升级新的配置。客户一般会在买了电脑之后产生买扫描仪、打印机之类产品的想法。

常海了解到他们的需求后，总会告诉他们自己会提供比其他公司更多的优惠和更好的售后服务。

而客户因为已经在他那里买了电脑，并且知道这家公司售后服务做得不错，所以也乐于在他那购买其他设备，而不是去重新选择一家完全陌生的公司。

作为推销员，得清楚一个道理：对客户来说，每次采购其实都是一次冒险，采购金额越大，他们的风险就越大。很多时候，不仅仅是钱的问题，还有劣质产品所带来的恶劣影响，会影响客户的项目进度，影响客户的产品质量，等等。面对客户的担忧，推销员不应只拍胸脯说一句："没问题，您就放心吧。"客户希望的是看到推销员切实的行动，比如详细计划、保证措施等等。

许多推销员都容易犯这个毛病：生意谈妥之后，他们就松了一大口气，而忽视后面应做的工作。如果你想把客户变成长期的合作伙伴，那就不能在签了合同后，就像断了线的风筝一样不知去向。很多合同都有出货期限或分批出货的要求，在这种情况下，推销员应该与公司的有关部门保持密切联系，追踪发货情况，以避免双方在收发货过程中出现误会。推销员无论什么时候都要对客户负责到底。

推销是一个连续的过程——只有起点，没有终点。如果你认为签完合同后就万事大吉了，那么，当你再次劝说客户进货时，你所要付出的努力就会比第一次多得多。因此，一名优秀的推销员在业务成交之后，就会把加强与客户之间的交流、沟通当作提高自己推销业绩的关键。可以说，推销的最好机会是在与客户签订合同之后。

真正的推销是从售后服务开始的。销售前的刻意奉承，不如售后的周到服务。优秀的推销员永远不会完成交易就将客户置于脑后，他们会很用心地将售后服务工作做好，并且与客户保持长期友好的联系。因为他们知道，提高客户的满足感，是持续提升销售业绩的不二法门；更重要的是，他们深深地明白，维护好一个老客户比开发一个新客户容易得多。既然如此，为什么不抓住这些难得的销售机会呢？

59. 不说没有：替代销售

如果你开一家化妆品店，顾客来买她们爱用的 A 面霜时，刚好卖光了，只剩下 B 面霜，遇到这种情况该怎么应对呢？

“对不起，A 面霜已经卖光了。”

这样做，不仅让顾客失望，你也做不成生意，说不定她以后也不会再光顾。

这时应推荐 B 面霜。首先你应抓住顾客的弱点：“哦，太太的右边脸颊怎么有些斑点？”

这样，对方一定会有反应。

“漂亮的女人如果有一点点斑点也相当刺眼，我特别为您介绍近来最受欢迎的 B 面霜。这是某某公司的新产品，请您试试看！ A 面霜虽然不错，但 B 面霜比它更好，很多演艺界的明星都很喜欢它。”

你这样恳切的语气说不定会使对方动心。

“那么，我也买一瓶试试。”她会这样说。

“替代销售法”就是使消费者重新考虑原来的消费诉求，进而产生动摇，产生另一种购买诉求。这种销售法要建立在信任的基础上，换句话说，推销员要以真诚、友好的态度和良好的业务素质博得顾客的信任，继而从正面改变顾客的原有诉求。

有这样一则笑话：有个实在的售货员经常对顾客实话实说。老板教育他说你这样不好，比如说什么货物没有了，不要直接跟顾客说没有了，要找一种替代品推荐给顾客。第二天有个顾客来买卫生纸，刚好卫生纸卖完了，售货员想起了老板的教诲，说：“对不起，卫生纸卖完了。不过我们有上等的砂纸，您要吗？”

这位售货员就是曲解了替代销售的含义。替代销售绝不能以次充好，以无用的或不对路的商品代替实用的、消费者认可的商品。需要运用“替代销售法”

的情况经常发生，大到空调、电视、冰箱，小到面霜、口红等，如果牌子不对，那就运用“替代销售法”。

一位妇女想买一副银灰色的手套。

营业员冷冰冰地说：“抱歉，已售罄。”

这位妇女失望地走了。过了一会儿，她来到另一家商店，问营业员：“你们有没有银灰色手套？”

“抱歉，我们正在进货，要几天后才有。您可以考虑买白色的吗？”营业员脑子转得快。

“可是……”

“没什么的，白色是今年的流行色。如果您觉得白色容易显脏，那可以购买两副轮换着用，不是方便了许多吗？”

妇女听后觉得在理，就买了两副白手套。

案例中，女顾客要买灰手套，面对她的询问，第一家商店的营业员基于店里灰手套已经卖完的事实，直接回答卖完了，结果顾客失望地离去。这个营业员显然已经形成一种思维定式：卖完了就是卖完了，其他的也不用想了。结果失去了销售的机会。

与之相反的是，面对同样的询问，第二家商店的营业员则采取了积极的态度，在向顾客道歉之后，又建议顾客：“您可以考虑买白色的吗？”当顾客犹豫时，她又说白色今年比较流行，而且可以买两副轮换使用。这番话彻底打消了女顾客的顾虑，她高兴地买了两副白手套。

可见，面对同样的问题，不同的推销员往往会有不同的态度。推销员只有突破自己的思维定式，会使用“替代销售法”，才能取得较好的推销业绩。

60. 熟悉自己所卖的产品

如果你想成为一名推销高手，就必须在自己的领域成为一名专家，熟悉公司产品、事业及相关知识。

想想看，你连自己所卖的产品都不了解，如何将它卖给客户呢？如果你对于所销售的产品不具备充分的知识，自然就无法回答客户提出的问题。

《商业周刊》总编辑王文静曾经在一次访谈中说过自己这样一段经历：

有一次，她在中正机场候机，逛了台北“故宫”的专卖店，看到有一套“佳人有约”的杯子，让她眼前一亮，因为在宝蓝色的杯子上，一幅图画隐隐浮现。但是她不知道“佳人有约”的出处，于是向店员求教。

这一套杯子价钱不便宜，大概要 4500 元新台币。本来她想买这套杯子，但是店员对自己卖的产品，从材质到特色，全然不知。碰到一位全然没有销售专业知识的店员，她的购买兴趣顿时全无。

这个故事提醒所有推销员一件事：当推销员在销售一件产品时，除了销售产品本身，同时也销售客户对这件产品的信任感。当你对自己的产品表现得很陌生，这代表你对产品没有信任感，在这种情况下，客户也就无法信任你。

如果一名推销员对自己的产品都不了解，那怎么能够打动客户呢？推销员要了解自己的产品的知识，熟悉产品的性能。产品的知识包括产品的起源、制造工艺、制造方法、保养方法，以及与市场上同类产品相比的优势和不足等。只有充分了解自己的产品，才能够对客户解释清楚。而且对自己的产品越了解，就越容易带来新的销售机会，使你的销售提升到一个新的高度。

还要注意的一点是，了解产品知识，不仅要从自己的角度来了解，更要从客户的角度来了解，要让客户了解产品能够给自己带来什么好处。

有位客户想购买办公沙发，在一家家具店看了一圈后，相中了两套沙发，但不知买哪套好，于是向店员询问：

“请问那两套沙发的价格是多少？”

“那套较大的是 6800 元，另外一套是 9000 元。”

“小的那一套为什么比较贵？在我们外行人看来，那一套应该更便宜才对！”

店员答道：“那一套进货的成本就快要 9000 元了，我们只赚您 300 元。”

客户本来对 6800 元那套沙发感兴趣，但想到另外一套居然要卖 9000 元，这套便宜的沙发一定是粗制滥造，因此就不敢买了。

他又走到隔壁，看到了两套同样的沙发，打听了价格，同样是 6800 元和 9000 元。

“为什么这套沙发要卖 9000 元？”

店员说：“先生，您请过来，两套沙发都坐一下，比较比较。”客户依着他的话，两套沙发都坐了一下，一套较软，一套稍微硬一些。

店员接着说：“6800 元的这套沙发坐起来较软，而 9000 元的沙发坐起来不是那么软，是因为沙发内的弹簧数不一样。9000 元的沙发由于弹簧数较多，绝对不会因坐姿影响而变形，光是弹簧的成本就将近 2000 元。这套沙发的支架是纯铜的，它比一般纯铁的沙发寿命要长 1 倍，不会因为负重过重而磨损、松脱。因此，这套沙发的平均使用年限要比那套长 1 倍，但价格只差 2200 元。

“另外，这套沙发虽然看起来不如那套沙发豪华，但它完全是依照人体工程学原理设计的，坐起来虽然不是软绵绵的，却能让您坐很长时间都不会感到疲倦。老实说，那套 6800 元的沙发中看不中用，还是这套 9000

元的沙发更实用些。”客户听了这位店员的说明后，就买了那套 9000 元的沙发。

一般客户都会问：这个产品有什么功能？与其他品牌的产品相比，有什么优势？提供怎样的售后服务？等等。如果面对客户的咨询你无法提供完整的答复，而是说“我再回去查查看”“这个问题我请销售主管来跟你说明”“这一点我不太清楚”……你的信誉度马上会大打折扣，客户也不会购买你的产品。

所以，推销员需要具有丰富的专业知识，才能够应对客户的各种提问。快速地对客户提出的疑问做出反应，不但可以增强推销员的自信心，还可以赢得客户对推销员和产品的信赖。如果一位推销员对自己的产品不了解，还想当然地认为客户会不加了解就购买，这种认识是错误的。了解自己所在的公司和产品，对一个推销员来说是相当重要的。

作为公司的推销员，你应该了解公司最基本的知识：

※ 公司的创立背景以及销售理念；

※ 公司的规模（生产能力、销售组织网络、职员数量等）、经济实力及信用；

※ 公司的经营战略、经营理念、经营方针、经营目标及经营政策；

※ 公司在发展过程中所获得的荣誉、社会地位；

※ 公司主要领导的名字及他们的资历；

※ 公司的主要销售渠道及全国各地服务网络。

对于你所销售的产品，你也应该熟悉相关知识：

※ 产品的名称、基本性能、价格；

※ 与同类竞争产品相比，在结构、性能、价格上的优势；

※ 产品提供的售后服务。

曾经有人请一位王牌推销员演讲，台下的人问他："你觉得自己成功的秘诀是什么？"这位推销员沉默了一会儿，说："我敢说，对于与我们公司有关的任何产品，没有人可以提出我无法回答的问题。"他这话说得好。如果每个推销员都能有相同的自信，相信说服客户不会是难事。

61. 推销前的准备工作

很多因素都会影响客户签单，比如客户不在状态、对产品心存质疑、对产品不够满意等。下面一个小故事，可以让推销员明白提前准备的重要性。

一位防盗门推销员的业绩连续六个月在全公司保持第一名，而他从事这项工作才一年半的时间，很多老推销员都不清楚他是怎么做的。

一次，公司一位工作了六年之久的推销员问道："您能告诉我您的销售秘诀吗？为什么我干了六年，还从未达到如此好的业绩。"

这位推销员说："我的秘诀很简单，每次在客户签单前，我就为客户准备好了合同和笔。"

"仅仅如此吗？"老推销员问道。

推销员点点头。

原来这位推销员面对的客户都是一些小的商户和居民，他们在洽谈时经常是在门口或者大街上，客户很少有随身带笔的。如果谈好的业务当时不签合同，那么过不了半天，肯定有新的防盗门推销员来拜访。

这个故事看似简单，其实是为了告诉推销员们，为交易做好一切准备，哪怕一支笔，都是很重要的。

一家新型车内空气净化器公司的推销员去拜访一家大出租车公司的老总，经过多次联系，公司老总答应让推销员带着样品演示给他们业务部门的人看。按说事情进展得很顺利，没意外就能签约了。结果还是出事了。新型净化器的开关设计得很灵敏，推销员前天下午把样品带回家，途中在包里受到震动，它就自动开机，开机就耗电。推销员没检查样品，现场演示几分钟后就没电了，对方认为这是质量问题。结果，生意自然是失败了。

推销员在上门之前，一定要养成认真检查样品的职业习惯。

那么，推销员在推销之前，究竟应该做好哪些准备呢？

（1）心理准备

作为推销员，自身状态一定要好，精神不振、眼神迷离地去见客户，客户怎么可能愿意与你签单呢？推销员应该保持最佳精神状态，充满热情与激情，给客户一种积极向上的感受。

交易的结果会有两种可能，一是成交顺利实现，二是客户拒绝成交。推销员的心态一定要摆正，不要认为客户肯定会购买自己的产品。不然一旦出现相反的结果，推销员的内心会出现很大的落差，同时也会通过面部表情表现出来，这样最终会影响到你在客户心目中的形象。

（2）信息准备

商场如战场，竞争激烈，同行、自己的客户都需要分析。不做到知己知彼，如何作战？所以必须做好情报工作。

首先，在迈进客户的门槛之前，对客户的一些基本情况应有所了解。比如，客户主要经销商品的质量、价格、市场定位、销售网点分布、每年销售量、与经销同类产品企业的关系、进货价格（当然，这一般只能靠推测）、在市场上与同类企业相比的竞争优劣势、企业经营的特点以及企业内部分工、决策程序等。

其次，要了解客户的主要负责人和负责进货的关键人员的基本情况。比如，他们的职务、籍贯、经历、所学专业、脾气性格、兴趣爱好、主要家庭成员、社会关系、信用状况等。

最后，要了解同类产品的品牌情况。如，他们如何选择代理商、有多少个代理商、其服务与你的服务有什么区别、价格的差异有多大、客户的口碑如何等。

一名优秀的推销员同时必须也是一名优秀的调查员。必须去发现、追踪和调查，直到摸清了客户的一切，使他们感到你就像他们的老朋友。这样，当你踏进客户办公室以后，对客户所有问题就能应付自如，能在最短的时间内缩短与客户的心理距离。

但是，有许多推销员经常毫无准备地走进一家家他们一无所知的单位，且随便叩开一个部门的房门，生硬地问一句“请问负责业务的是哪位”，或者“我想向贵单位推销一种产品，请问是哪个部门负责”。这种推销与其说是工作，还不如说是“骚扰”。这种推销会有人接受吗？可能在他还没有见到专门的负责人之前，就被某位不胜其烦的女士或先生“扫地出门”了。

（3）基本物品准备

首先，当然是名片。名片必须是公司统一设计和印制的。

其次，随身携带的提包里至少要有彩色样本、笔记本电脑、资料夹、小计算器、笔记本、圆珠笔、公司简介、产品彩页等。

最后，包里的东西不能凌乱。随身携带的东西在包里如何摆放，应该事先考虑好，做到方便和顺手。如果当着客户的面在包里翻东西，那会很尴尬。多说一点，东西带齐了也放好了，还要确保都好用。某个推销员上门推销，他把基本情况介绍完之后，老板让他把能给的优惠价写在报价单旁边，好回头研究，结果他掏出签字笔一写，根本写不出字。这样，老板对这个推销员失去了好感，从而对他的产品也失去了兴趣。

古语有言，“凡事预则立，不预则废”。销售活动本身就是解决问题的过程。在这个过程中，推销员要想成功解决问题，就需要提前对问题有一个预知和准备，这样做才能够为成功交易加分。

62. 不怕抱怨，妥善处理才是正道

推销员可能会遇到客户各种各样的抱怨。抱怨主要是客户对商品的质量、性能或者服务品质不满意的一种表现，一般来讲，它可大可小，但是却不能忽视。如果在销售过程中，推销员不能正确地处理客户的抱怨，那么将会给自己的工作带来负面影响。因为一个心生不满的客户可能会把他的不满意告诉身边的亲朋好友，而他的亲朋好友也同样会把他的这种遭遇再告诉给自己的亲朋好友。时间长了，产生的破坏力是不可低估的。所以说，要学会积极地回应客户的抱怨，妥善地解决客户遇到的问题。

一天，某空调客户服务中心来了位张女士。张女士一进门就怒气冲冲地要见安装空调的韩师傅。服务台小李连忙问有什么事能帮忙。张女士说是因为早上韩师傅装的空调质量太差，要求退货。

面对生气的张女士，小李没有急于询问原因，而是将张女士劝到接待室，为她端来茶水，安慰她说不要急，有任何问题公司都会解决的，他们会负责到底，等等。

正所谓扬手不打笑脸人，面对满面笑容的小李，张女士也不好再一副盛气凌人的架势，态度渐渐缓和下来。原来张女士家早上装的空调刚开机就停止运转了，遥控也没反应，她觉得空调质量太差，要求退货。

张女士陈述的时候，小李没有随意发言，而是在张女士说完之后再和她商量。小李提出的解决方案是：先派师傅检查一下空调，如果确实是质量问题，公司保证调换新空调或退货。对于这合情合理的安排，张女士也表示同意。

后来空调安装师傅前往张女士家，经检查发现是空调专用的电源开关保险丝容量过小，超过负载而熔断。师傅换上了大号保险丝后，空调就正常运转了。

面对良好的服务，张女士也意识到之前的失礼，不仅向安装师傅致谢，还特意打电话到服务中心向小李表示歉意。

这个案例中，小李深知先安抚客户情绪的重要性，面对张女士的怒气，小李没有计较，更没有与之吵闹，而是给予理解与宽容。更可贵的是，小李懂得从张女士的利益出发，及时承诺企业应有的责任和服务保证，让对方放心，并及时地提出符合客户利益和要求的服务方案。

有时，客户抱怨与投诉，是希望能给他们说法或得到补偿，同时想发泄个人的不满以得到情感补偿。这时，推销员要对客户表示理解，尽量让客户平静下来，鼓励客户把心事说出来，了解客户的真实情况，迅速发现客户投诉的问题，清楚客户的期望所在，有针对性地解决客户的问题。

抱怨是每位推销员都会遇到的情况，即使产品与服务再好，也时常会受到客户的抱怨。如果处理不当，就很可能给工作带来不好的影响。要正确处理好客户的抱怨，就必须站在客户的立场上看问题，不要草率甚至粗鲁地对待爱抱怨的客户，要用真诚的态度与客户沟通，从而与客户达成共识，解决问题。如果能把客户的抱怨进行适当化解，那么，他们就会成为产品的忠实消费者。

在销售的过程中，该如何面对客户的抱怨呢？

（1）表示感谢

客户愿意花时间和精力来抱怨，就是给商家改进的机会，首先应该感谢对方。先说声“谢谢”，可以让原本对你充满敌意的客户心理平衡。

（2）诚心诚意道歉

万一有错，赶快向客户致歉：很抱歉，这是我们的疏忽。如果错不在己，仍应为客户的心情损失致歉：很抱歉，让您这么不高兴。

（3）承诺立即处理问题

先表达积极处理的诚意：我很乐意尽快帮您处理这个状况。如需要询问细节及其他相关信息，别忘了先说：“为了能尽快为您服务，要向您请教一些详细情况”。

（4）提出解决方法及时间表

别自己做决定：就这么办……要将决定权交给客户：您是否同意我们这样做……这么一来，决定权就在对方手上，对方就会感觉受到尊重而减少怒气，接着就会快速处理问题。同时别忘了尽可能弥补客户的损失。

（5）处理后确认客户是否满意

处理后再跟客户联系，以确认对方是否满意此次的服务，一方面了解自己的补救措施是否有效，同时也能加深客户受尊重的感觉：都过了两三天了，对方依然把我放在心上。

优秀的推销员知道客户的抱怨不是毫无根据的，他们把客户的抱怨当成一面审视自己的镜子，从中照见自己工作中的漏洞，从而弥补漏洞。因此，推销员应学会平和地对待客户的抱怨，帮客户解决问题，并在客户的抱怨中不断提升自己的服务水平。

很多推销员遇到客户抱怨时，认为是客户故意找麻烦，这种想法是错误的。对待客户的抱怨应该有一个正确的看法：抱怨并不是客户的目的，解决问题才是他们的初衷。

推销员要明白：客户没有义务去理解推销员，因为客户是掏钱的消费者；但是推销员有义务理解客户，因为推销员想客户掏钱。

63. 不怕拒绝，拒绝是客户的权利

有个笑话是这样说的：

一位推销员的妻子抚摸着老公晒黑的脸，心疼地说："这么热的天，咱别干销售了，每天风里来雨里去，到处受气，也赚不了多少钱！"推销员对他的妻子笑笑："没事，挺凉快的，到处都是冷屁股。"

很多推销员说自己是"风箱中的老鼠"，挣的钱不多，受的气不少，更多的时候是两头受气。

在公司被经理骂，是因为没有完全执行公司的政策。于是很多人悄悄地抱怨："按照你们的官僚政策做，把客户都赶跑了。""也不看看是什么货，卖这么高的价，怎么可能完成任务？"

再者，被客户骂："你怎么又来了？一次也不解决问题，上次坏的货还没换回来，人来也没有用呀。"

做销售就得锻炼自己的内心，内心要强大，脸皮要够厚。恭恭敬敬地递上名片，人家看也不看往旁边一丢是寻常事。有的推销员灰溜溜地就走了，从此不再登门。但有的推销员却无所谓，过了几天笑眯眯地又迎上去，最后把生意做成了。

彭晓涵是北京某贸易公司销售部的推销员。这天晚上小彭宴请北京一家连锁超市采购部的几名管理人员，此次宴请的目的既是庆祝贸易公司与这家连锁超市达成初步合作意向，也是纪念自己职业生涯做成的第一笔业务。刚开始时，超市的人说话还注意分寸，当他们越喝越多的时候，说话也越来越"直白"，最后居然拿小彭当作取笑对象。小彭哪见过这场面，没几分钟她就面红耳赤地跑进了洗手间。她想自己宁肯不做这笔生意，也不能忍受这种粗俗的玩笑。她从洗手间出来到前台结了账，招呼也不打就一个人回家了。她想，这合同爱执行不执行，我不管了。

这合同自然没有执行。领导问彭晓涵为什么会发生这种情况，她回答说推销员不是舞女，必须保证起码的尊严。的确，推销员必须保证自己的尊严，但是，超市的人开玩笑，不一定是恶意的或是存心侮辱小彭，当然一定要有度。

2020 年 10 月 5 日，游客嵇先生在云南大理市双廊古镇游玩时，因进店没买手鼓，被手鼓店红衣女子辱骂"穷鬼，没钱就别出来"。对于此事，大理相关部门火速处理，责令涉事手鼓店立即停业整改。

金无足赤，人无完人。推销员在与客户打交道时，应多一些包容心。客户也是常人，虽然客户身上有让你不习惯甚至让你讨厌的地方，但只要你脸上露出一点点厌恶的神色，一旦被对方察觉，客户也会开始在你身上找毛病。慢慢地，你们之间的关系可想而知。正如每个客户身上都有缺点一样，他们身上也有优点。所以，推销员应经常在客户身上找优点。比如，有的客户虽然随地吐痰，但他为人守信用，从不拖欠货款，等等。如果你总是以欣赏的眼光去对待客户，客户同样对你保持好感。

推销员会遇到性格各异的客户，所以，在工作中应当尽量弱化一些个人好恶，把每一位客户都当作自己的朋友，让客户喜欢自己。

对于推销员来说，与那种刁横或傲慢的客户相比，更难对付的是推销员心中的那个“自我”。你只有战胜自我，对待客户才能保持一种平常心，才能从客户的言行中发现他们身上的闪光点。如果你能发现客户的优点，你对他们的态度自然而然地就会好转；如果你的态度谦恭，将心比心，你们的沟通就会很自然地进行下去。到那时，你会发现自己不仅在业务上进步了，而且心胸也开阔了很多。只有克服“小我”，才能成就“大我”。

销售是一个充满挑战的行业，向陌生人销售产品，遭受白眼乃家常便饭。曾经有一个推销员，他四十多才开始从事销售工作，在此之前没有任何销售经验。通常情况下，这么大年龄的人应该更爱惜自己的面子，更害怕被人拒绝。可是不到一年半的时间，他就成了当地最杰出的推销员，所创造的业绩纪录很长时间没有人能打破。

有人问他：“您是怎么成功的？难道您不怕被别人拒绝吗？”他笑着说：“干这行的谁不怕被客户拒绝？拒绝是客户的权利，是否拒绝是他们的事，而是否觉得丢面子则是我自己的事。我不会认为这是一件丢面子的事，我只是认为还没有解释清楚，他们还不太了解我的产品而已。既然他们不太了解，那么我就再换一种方式向他们解释，一直到客户完全了解为止。”

看来这位推销员成功的秘诀很简单，他把客户的拒绝当成客户的权利，而把面子当成自己的感觉。他并不在乎自己的感觉，只在乎自己的业绩。

推销员如果没有良好的心态，即便掌握了高超的推销技巧也无法成功。

有一位推销专家说：“推销是一种压抑自己的意愿去满足他人欲望的工作。毕竟推销员不是卖自己喜欢卖的产品，而是卖客户喜欢买的产品，推销员是在为客户服务，并从中收获利益。”“客户至上”才是推销员应该遵循的根本原则。推销大师戈德曼说：“推销，从被拒绝开始。”当顾客拒绝时，一定要顶住，不要害怕拒绝，哪怕有一线的希望都要尽力争取。锲而不舍的精神是每位推销员必须具备的，不能一遇到困难就退却；要掌握客户心理，寻找突破口，成功往往就在眼前。

64. 锻炼耐心，用耐心赢得客户

推销大师戈德曼说："推销从被拒绝开始。"这句话也完美诠释了为什么销售要有耐心。

耐心是成功的基石，干什么事都得一步一个脚印地做，销售工作也不可能一蹴而就。在实际的销售工作中：有的销售人员遇到这样那样的问题，就开始心浮气躁，怨天怨地了；而有的销售人员则会耐下性子，静下心来，认真分析问题的原因，然后重新调整方法和工作方式，最终成功签单。

在销售过程中，发掘一个客户不仅要分析客户公司的实际经营情况，还要挖掘出客户对产品的实际需求，这样才能在最准确的时间节点展示自己的产品，从而吸引住客户。而要维护一个客户，往往还需要长时间地拜访。一个有效客户不会马上出现在你面前，需要耐心地发掘、维护。

一家服装店里来了一位女青年。店员小张通过询问得知她想要购买一件T恤，正准备进行介绍和推荐时，没想到这位女青年特别有主见，直接招呼小张："帮我把这件……那件……还有那一件，拿给我试试。"取完衣服，女青年就准备去试衣间试穿了。小张没有打算被动地等待，而是积极地应对。他挑了几条裤子给女青年做服装搭配，告诉她这件T恤适合搭配什么裤子。女青年一听，也想换种新的搭配了。女青年开始不断试各种搭配，她每试穿完一身，小张都会主动和她交流，没有表现出一点不耐烦。这位女青年对待服装真是很挑剔，试了七八件，都不是很满意，小张在一旁也不断帮着调整T恤和裤子的搭配。过了一个多小时，这位女青年终于找到了心仪的T恤和裤子。她自己也知道不断地试衣服有点打扰店员，觉得不好意思，而小张说："这是我们应该做的啊，您满意就是我们的服务宗旨！"女青年原本只想买一件 T 恤的，为了感谢小张的耐心，就买了两套服装。

在这个例子中，不管顾客试穿了多少件衣服，作为销售人员的小张都不厌其烦地帮助顾客、服务顾客，最终他的耐心得到了回报。

要想让客户接受你的产品，必须先让客户接受你。而让客户接受你，不仅需要技巧，还需要耐心。如果销售人员没有耐心，急于说服客户，急于让客户做决定，就会给客户造成很强的压迫感。这种压迫感很有可能使客户对你敬而远之，使你错失签单的机会。

销售人员要有足够的耐心同客户交流和沟通，让客户了解你、承认你，并最终认可你的产品和服务。其实，销售人员与客户之间的关系不是对立的，而是互利的。推销人员一定要认识到这一点。在销售中，要是能做到真诚又贴心地为客户着想，客户也会感受到来自推销员的诚意，并传递出自己的好感和信赖，销售就可以在这样友好和谐的气氛中完成了。

王天来在一家服装公司担任推销员，经过两年锻炼，他已经把工作干得有声有色，并与一家大客户建立了不错的合作关系。

谁料，大客户换了负责人，新负责人的脾气个性与王天来很不对路，双方的关系一度紧张起来。这位新负责人名叫周光，是老推销员出身，没有多少文化。面对周光挑毛病、找破绽的做法，王天来真想放弃这个客户。

领导听了王天来的抱怨，告诫他不要冲动，要学着与新的客户代表建立合作关系，建立信任关系。王天来静下心来，仔细反省自己最近的言行，意识到自己也有诸多不足，于是改变了工作态度。

之后，面对蛮不讲理的周光，他既没有当面顶撞，也没有逢迎巴结，而是在工作中投入更多时间和精力，把各个细节做到位。这样一来，王天来不但提升了工作水平，也赢得了周光的满意和信任，双方越来越默契，最终成了生意上的好朋友。

客户不会总是对的，也不会让你处处满意。这时候，善于忍耐对方的不敬，学会屈就对方的不足，就是推销员应有的智慧了。客户是上帝，与他们打交道，争一时之气绝对是大忌。当与客户产生矛盾时，先弯一下腰又何妨？关系断了就永远断了，而弯一下腰还有挺起的机会。

矛盾、争斗和误会大多是由于沟通不畅造成的。那些推销高手没有三头六臂，他们的厉害之处在于更懂得与客户沟通。在该低头时低头是一种气度，也是一种成大事者的隐忍。低头是为了不碰头，不摔跟头。

65. 请记住：客户永远是对的

在销售界，曾一度流传着这样一段话：

第一，客户绝对不会有错。

第二，如果发现客户有错，一定是我弄错了。

第三，如果我没弄错，一定是因为我的错才会使客户犯错。

第四，如果是客户自己弄错，只要客户不认错，客户就没有错。

第五，如果客户不认错，我还坚持客户有错，那就是我的错。

第六，总之，客户绝对不会有错。

第七，客户根本不会有错，怀疑客户有错，就是一个大错。

这段话看似笑话，其实说明了一个道理：客户永远是对的。现在许多企业都奉行这条准则，更有不少企业把“客户第一、服务第一”等类似的口号列入企业宗旨。

客户是公司的财富之源，公司又是销售人员的衣食之源，如果失去了客户，公司如何发展，销售人员如何生存？因此，销售人员对“客户永远是对的”这一理念要有更加深刻的认识，并贯彻到细微的工作中去。

有一家著名的家居建材零售公司，这家公司有一个特色，就是一直实行无障碍退货制度，也正是这一特色使得公司飞速发展。

一天，一个顾客推着一套轮胎走进这家公司的一个卖场，要求退货。工作人员感到很诧异，因为家用仓储从来没有卖过轮胎，自然也就拒绝其退货的要求。但这个顾客态度强硬，不依不饶，坚持退货，为此双方僵持不下。

公司的一位地区总裁恰好在这家店里，就走了过来，了解情况后，他一句话也没有说，只是默默地走到收款机旁，将顾客声称的价钱一分不少地给了他。

随后，这位总裁把这套轮胎挂在了收银台上方，好让每个工作人员都记住：不要与顾客争对错，尽量满足顾客的要求。总裁对员工们说：“顾客只要不满意，就一定有我们的责任。满足他们的要求，我们将赢得更多的顾客。”

这件事被传为美谈。这家公司的创始人告诫员工：“那些不诚实的顾客也会信心十足地来买东西，即使他回去告诉每个人我们有多傻，这也很好，因为现在每个人都会来我们这儿买东西了。”

客户永远是对的，就是任何时候都将客户的满意作为第一追求。无论出现什么情况，都将优质的服务提供给客户。也有人会提出异议：金无足赤，人无完人，客户不对的地方多着呢！是啊，如果我们发现客户错了，一旦开始区分对错，就很容易用自己的专业去纠正客户。我们知道，没有人喜欢被否认，即使他们已经意识到自己的错误，还是会去维护自己的立场和观点。结果就是，要么无法说服对方，不欢而散；即使说服了，客户心里肯定也是不高兴的，这不利于接下来的销售任务。

退一步来讲，推销员要意识到可能不是客户错了，而是我们判断错了。我们需要的就是认清双方的差异性，澄清事实，即使对方有误解，我们也应该尊重对方的观点。如果客户发现自己错了，他们会自己纠正；如果你发现是自己错了，也可以给自己留有余地。

“客户就是上帝”，“上帝”永远是对的，是有“理”的，因此不要与“上帝”争论是非对错。因为你得罪了一个客户，就有可能失去一批消费者。